Anselm Grün

Wertschätzung

Die inspirierende Kraft der gegenseitigen Achtung

Vier-Türme-Verlag

Bibliograhpische Information der Deutschen Nationalbibliothek
Die Deutsche Nationalbibliothek verzeichnet diese Publikation in der Deutschen Nationalbibliographie. Detaillierte bibliographische Daten sind im Internet über http://dnb.d-nb.de abrufbar.

1. Auflage 2014
© Vier-Türme GmbH, Verlag, Münsterschwarzach 2014
Alle Rechte vorbehalten

Lektorat: Dr. Ulrike Strerath-Bolz
Umschlaggestaltung: Thomas Uhlig, www.coverdesign.net
Covermotiv: JM Fotografie / Fotolia.com
Druck und Bindung: Pustet, Regensburg
ISBN 978-3-89680-913-1

www.vier-tuerme-verlag.de

INHALT

Vorwort 7

Nur wer Werte schätzt, kann Werte schöpfen 15

Wertschöpfung durch Wertschätzung 20

Die vier platonischen Werte 24

Gerechtigkeit 24

Tapferkeit 27

Mäßigung 29

Klugheit 38

Die drei christlichen Tugenden 40

Glaube 40

Hoffnung 45

Liebe 47

Wertschätzung inspiriert Menschen 53

Was Wertschätzung beim Empfänger bewirkt 61

Haltungen der Wertschätzung 69

Respekt 71

Höflichkeit 73

Dankbarkeit 75

Freundlichkeit 80

Anerkennung 84

Wo und wie kann ich Wertschätzung üben? 91

Wertschätzung sich selbst gegenüber 94

Wertschätzung in der Familie 103

Wertschätzung im Berufsleben 110

Wie Sie Wertschätzung üben können – einige Anregungen 113

Verwendete und weiterführende Literatur 123

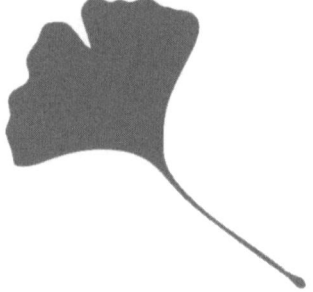

Vorwort

Jeder Mensch sehnt sich nach Anerkennung. Er möchte in seinem Wert geschätzt werden, er möchte angesehen werden und so Ansehen bekommen. Doch obwohl wir selber so bedürftig sind nach Wertschätzung, üben wir sie so wenig. Wir kreisen zu sehr um das eigene Bedürfnis, als dass wir einen Blick dafür hätten, dass die anderen sich ja genauso danach sehnen, von uns wertgeschätzt zu werden. Es wäre so leicht, die Menschen in unserer Umgebung wertzuschätzen. Wir bräuchten es nur zu üben.

Aber es braucht zwei Bedingungen für die Wertschätzung, die wir anderen entgegenbringen:

Die erste Bedingung ist, dass wir uns selber annehmen und anerkennen, dass wir um unseren eigenen Wert wissen. Solange wir uns wertlos fühlen, gelingt uns die Wertschätzung der anderen nicht. Wir können es uns noch so sehr mit dem Willen vornehmen. Es wird uns nicht gelingen. Denn die eigene Wertlosigkeit treibt uns trotz allen guten Willens immer wieder dazu, den anderen doch zu entwerten. Oder aber wir sind so fixiert auf unser Bedürfnis von anderen anerkannt zu werden, dass wir blind sind für die Bedürfnisse der anderen.

Die zweite Bedingung ist, dass wir uns in die Menschen in unserer Umgebung einfühlen. Wenn wir ohne Vorurteil auf die Menschen sehen, dann werden wir erkennen, dass oft auch hinter ihrem manchmal schwierigen Verhalten die Sehnsucht steckt, gesehen und wertgeschätzt zu werden.

Mit meiner Wertschätzung kann ich die Menschen in meiner Umgebung verwandeln.

Nur wer frei ist vom Kreisen um sich selbst, vermag den anderen in seiner Bedürftigkeit zu sehen. Und dann wird es ihm leichtfallen, ihm seine Wertschätzung zu zeigen. Er wird dafür belohnt durch den verwandelten Blick der anderen. Sie werden nicht mehr so grimmig in die Welt sehen. Ihr Blick verändert sich. Sobald sie meine Wertschätzung wahrnehmen, fangen ihre Augen an zu leuchten. Und diese leuchtenden und fröhlichen Augen tun mir selbst gut. Ich spüre, dass ich mit meiner Wertschätzung die Menschen in meiner Umgebung verwandeln kann. Ich kann ein anderes Klima um mich selbst herum schaffen, ein Klima, das auch mir guttut und mich gut leben lässt.

So möchte ich Sie in diesem Buch einladen, über die Wertschätzung nicht nur nachzudenken, sondern sie zu üben. Ich gehe von konkreten Erfahrungen aus, um Ihnen Mut zu machen, sich selbst wertzuschätzen und Ihre Wertschätzung auch den Menschen zu zeigen, mit denen Sie leben und arbeiten. Ich sage dabei nicht viel Neues. Ich will das in Ihnen ansprechen, was Ihre Seele längst weiß. Aber wir brauchen oft das Wort des anderen, um wieder in Berührung zu kommen mit dem Wissen unserer Seele. Wenn Sie dieses Wissen dann auch praktizieren, werden Sie selbst den Segen erfahren, der von der Wertschätzung ausgeht.

Übung

EINE MINUTE FÜR MICH

Oft überrollt uns die anstehende Arbeit, manchmal wissen wir nicht mehr, wo wir damit beginnen sollen.

Nimm Dir deshalb mehrmals tagsüber bewusst eine Minute Zeit, in der Du Dir überlegst: Was brauche ich jetzt, damit es mir gutgeht? Auch wenn es die Zeit und die Situation nicht immer zulassen, genau das zu tun, was Dir gerade guttun würde, gibt es immer wieder Gelegenheiten für kleine »Atempausen«.

Nutze sie für eine Tasse Tee, ein Stück Schokolade, einen kleinen Spaziergang oder fünf Minuten Nichtstun. Du wirst spüren, dass diese Übung den Alltag verlangsamt und Dich achtsamer werden lässt für Deine eigenen Bedürfnisse.

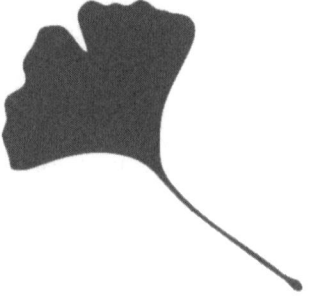

*Nur wer Werte schätzt,
kann Werte schöpfen*

Wertschätzung und Wertschöpfung – was hat denn das eine mit dem anderen zu tun? Das sind doch zwei Begriffe aus zwei völlig verschiedenen Lebensbereichen. Oder etwa nicht?

Das deutsche Wort »Wertschätzen« ist aus zwei Worten zusammengesetzt: Zuerst ist da der Wert. Wert hat mit Würde zu tun. Jeder Mensch hat eine unantastbare Würde. Wer um seinen eigenen Wert weiß, kann auch den Wert des anderen akzeptieren und sich über ihn freuen. Wer jedoch sich selbst als wertlos erlebt, der muss auch den anderen abwerten oder entwerten. Er kann es nicht ertragen, dass andere Menschen einen Wert haben, während er offensichtlich keinen besitzt. Wer um seinen Wert weiß, der ist ein wertvoller Mensch. Wer andere entwertet, drückt damit aus, dass er sich selbst als wertlos empfindet.

Vom Wert ist es nicht weit zur Bewertung. Viele Menschen müssen alles, was sie sagen und tun, und das, was andere sagen und tun, sofort bewerten. Sie fällen immer ein Werturteil. Auf dem spirituellen Weg sollen wir aber lernen, nicht zu werten, selbst unser eigenes Verhalten nicht immer sofort zu bewerten, sondern es einfach einmal anzusehen, es ohne Urteil wahrzunehmen.

Wer um seinen eigenen Wert weiß, kann auch den Wert des anderen akzeptieren und sich über ihn freuen.

Im Wortteil »schätzen« steckt der Schatz. Das Wort »Schatz« meint ursprünglich ein Geldstück und steht auch für Besitz und Reichtum. Seit dem 15. Jahrhundert nennen wir auch einen geliebten Menschen: »Mein Schatz«.

Schätzen bedeutet ursprünglich: einen Wert veranschlagen, bewerten, beurteilen. Wir können jemanden gering schätzen oder den anderen falsch einschätzen. Manchmal überschätzen wir einen Mitarbeiter. Oder aber wir unterschätzen ihn.

Wertschätzen meint: dem anderen einen Wert zuteilen, ihn als wertvoll erachten. Wer einen Menschen wertschätzt, sieht in ihm einen Schatz, der auch für andere Menschen wertvoll ist. Wenn ich den Schatz im anderen sehe, kann ich ihn mit Worten benennen. Damit fördere ich die wertvollen Eigenschaften des anderen. Indem ich dem anderen Wertschätzung entgegenbringe, ermögliche ich es ihm, an seinen eigenen Wert zu glauben. Er wird dann wertvoller für seine Mitmenschen.

Wenn ich ihn dagegen entwerte, wird er sich wertlos fühlen. Entweder muss er seinen Wert dann durch ein auffälliges

Verhalten beweisen, oder aber er zieht sich zurück, weil er sich selbst nichts zutraut.

Wertschätzung kann aber auch etwas anderes bedeuten: Ich schätze die Werte. Unter Werten verstehen wir bestimmte Haltungen des Menschen, seine Tugenden. Die Alten nennen sie virtutes, was wörtlich »Kraftquellen« bedeutet. Werte sind Ausdruck der Würde des Menschen. Werte wahren die Würde des Menschen.

Wer die Werte schätzt, die etwa die griechische Philosophie uns geschenkt hat, der schützt den Wert und die Würde der Menschen. Indem wir die Werte schätzen, bringen wir auch dem Menschen Wertschätzung entgegen. Und nur wenn wir Werte schätzen, schöpfen wir auch finanzielle Werte.

Wertschöpfung durch Wertschätzung

Wenn ich in Vorträgen über das Führen mit Werten spreche, sagen viele: »Ja, das ist alles ganz nett, aber zuerst muss das Geld stimmen, dann kann man über Werte reden.« Doch ich behaupte, dass das Gegenteil richtig ist: Wertschöpfung entsteht nur durch Wertschätzung!

Das ist kein Wunschdenken, sondern Tatsache. Es gibt inzwischen handfeste betriebswirtschaftliche Untersuchungen, die besagen, dass Unternehmen, die langfristig auf Werte setzen, auf Dauer auch erfolgreicher sind. Viele Unternehmer wissen aus ihrer eigenen Erfahrung: Gewinne erhöht man nicht, indem man immer nur den Preis senkt, sondern indem man seine Stammkunden zufriedenstellt. Stammkunden sehen nicht nur auf den Preis, sondern auch auf die Werte: die Ehrlichkeit, die Zuverlässigkeit, die Qualität der Produkte und Leistungen, die Freundlichkeit des Personals.

Wenn ich über Werte rede, möchte ich nicht moralisieren und sagen: »Wir müssten viel mehr Werte leben!« Ich möchte stattdessen für Werte werben. Werte machen das Leben wertvoll, sie machen auch ein Unternehmen wertvoll. Wenn ein Unternehmen Werte missachtet, ist das immer auch ein Ausdruck von Selbstverachtung und Menschenverachtung. In einem Unternehmen, in dem Menschen nicht mehr geachtet werden, wird auf Dauer niemand arbeiten wollen, und so wird es wertlos.

In der Geschichte der Wörter steckt viel Weisheit. Sie erinnern sich: Das lateinische Wort für Wert (»virtus«) bedeutet unter anderem »Kraftquelle«. Werte sind also nicht nur etwas, dem wir nachlaufen müssen, sondern die Quelle, die uns Kraft gibt. Das englische Wort für Wert lautet »value« und kommt vom lateinischen »valere«, das »gesund sein« bedeutet. Schon rein sprachlich sind Werte also Quellen der Gesundheit. In diesem Sinn möchte ich von Werten reden.

Heute spricht man häufig vom Wertewandel, aber die Werte selbst verändern sich nicht, nur unsere Beziehung zu ihnen kann sich wandeln. Wie stehen wir heute zu Werten? Was bedeuten sie in der Welt der Wirtschaft und konkret bei der Führung von Unternehmen und Menschen? Wie machen Werte das Leben und das Unternehmen wertvoll?

Wir würden heute vielleicht andere Begriffe wählen, aber ich möchte in diesem Kapitel zunächst die vier Grundwerte darlegen, welche die griechische Philosophie entwickelt hat, anschließend die drei christlichen Hauptwerte, und zwar jeweils unter dem Gesichtspunkt: Was haben diese Werte mit Unternehmens- und Menschenführung und mit Wertschöpfung zu tun?

Übung

BEWUSST VERZICHTEN – BEWUSST GENIESSEN

Manchmal wird uns erst, wenn etwas fehlt, bewusst, wie gut es uns tut – und manchmal auch, wie abhängig wir davon sind.

Nimm Dir eine kleine Fastenzeit vor. Überlege dazu, was Du besonders gern tust, was Du besonders gerne isst. Dann verzichte einmal für die nächsten drei Tage darauf. Vielleicht schaffst Du auch eine ganze Woche?

Nimm Dir dann bewusst Zeit, das, worauf Du verzichtet hast, zu genießen. Spürst Du, wie anders, wie gut plötzlich das Stück Schokolade schmeckt, das Du Dir auf der Zunge zergehen lässt? Merkst Du, dass die Welt nicht untergegangen ist, obwohl Du Deine Mails nicht abgerufen hast?

Spüre, wo Dich Deine Vorlieben glücklich und wo sie Dich unfrei machen.

Die vier platonischen Werte

Der große griechische Philosoph Platon entwickelte die Theorie der Grundtugenden, die wir als die vier »Kardinaltugenden« kennen: Gerechtigkeit, Tapferkeit, Mäßigung und Klugheit.

GERECHTIGKEIT

Gerechtigkeit ist der erste Grundwert bei Platon. Gerechtigkeit bedeutet zunächst einmal: mir selbst gerecht werden, meinem Wesen, meinem Leib, meiner Seele, meinem Geist. Es bedeutet, richtig zu leben, aufrecht zu leben und dem Wesen des Menschen gerecht zu werden. Und zwar nicht nur mir, sondern auch dem anderen Menschen gegenüber. Das ist soziale Gerechtigkeit, die Bedeutung des »suum cuique«: jedem das Seine geben.

Gerechtigkeit bedeutet zunächst: mir selbst gerecht werden, meinem Wesen, meinem Geist. Es bedeutet, richtig zu leben, aufrecht zu leben.

Ich habe einmal bei einem Männerkurs die Teilnehmer nach ihren Vorbildern gefragt, und einer antwortete: »Für mich ist einer meiner früheren Lehrer ein wichtiges Vorbild. Er war sehr streng, aber er war absolut gerecht.« Was heißt es, absolut gerecht sein? Es heißt, dass ich jedem gerecht werde. Darum geht es, wenn gerechte Güterverteilung, gerechte Chancenverteilung, gerechter Lohn, gerechte Behandlung des Einzelnen erreicht werden sollen. Das ist etwas ganz Wesentliches. In der Bibel steht:

Wer Gerechtigkeit sät, wird Frieden ernten.
JAKOBUSBRIEF 3,18

Ohne Gerechtigkeit gibt es Unfrieden, Streitigkeiten, Eifersüchteleien und Reibungsverluste im Unternehmen, und die kosten eine Menge Geld.

Zur Gerechtigkeit gehört die innere Freiheit. Nur wenn ich nicht ausschließlich um mich selbst kreise, kann ich dem anderen gerecht werden. Wenn ich immer nur mit meinem eigenen Wert beschäftigt bin, bin ich letztendlich kleinkariert und ängstlich. Albert Görres, der Münchner Psychiater, sagte einmal:

Es gibt Abteilungsleiter und Unternehmer, die sammeln um sich herum lauter Bewunderungszwerge.

Von Bewunderungszwergen kann man aber keine Riesenleistung erwarten. Wer Bewunderungszwerge sammelt, versammelt um sich keine Menschen, die etwas Wertvolles schaffen. Sondern er sucht Menschen, die sich kleinmachen, damit er sich groß fühlen, im Mittelpunkt stehen, sich bewundern lassen kann. So wird Potenzial vergeudet, das Werte schaffen könnte.

Ich habe einmal in einer psychosomatischen Klinik einen Kurs für Therapeuten, Ärzte und den Klinikleiter gehalten. Der Leiter hatte diese Klinik gegründet, das war eine tolle Leistung. Aber er war ein narzisstischer Mensch, der lauter Bewunderungszwerge um sich brauchte, der pausenlos im Mittelpunkt stehen musste. Die Patienten haben das sofort verstanden. Sie sagten: »Du gehörst eigentlich zu uns.« Das wäre so weit eher lustig. Aber das Problem war, dass er jeden wirklich guten Therapeuten entlassen musste, weil er Angst hatte, der könnte ihm die Schau stehlen und ihm ein Stück des Beliebtheitskuchens wegessen.

Organisationspsychologen sagen, im Durchschnitt würden 40 Prozent des Wertschöpfungspotenzials in Unternehmen durch solche unreifen Spiele vergeudet. Hier sehen Sie, wo Sparen wirklich lohnt: Bevor man Mitarbeiter entlässt und von den anderen noch mehr Einsatz fordert, sollte man an der Potenzialvergeudung sparen und damit an all den Verlusten, die durch Ungerechtigkeit, durch Unwahrheit, durch Unreife entstehen, weil man dem Menschen nicht gerecht wird, weil man sich nicht am Wert der Einzelnen freuen kann.

Wenn ich um meinen Wert weiß, dann kann ich mich auch über den Wert der anderen freuen. Ich muss als Führungskraft nicht überall der Beste und der Beliebteste sein, denn ich habe meine eigenen Qualitäten. Die Größe des Menschen besteht darin, dass er den anderen wertschätzen und dessen Wert fördern kann. Das meint die Gerechtigkeit als Grundtugend der Führung.

TAPFERKEIT

Als zweiten Wert nennt Platon die Tapferkeit. Das ist nicht nur eine Tugend für Soldaten, Sportler oder Philosophen, sondern für jeden, der Verantwortung trägt, auch für jede Führungskraft.

Tapferkeit ist nicht Sturheit, sondern die Bereitschaft, zu dem zu stehen, wovon ich überzeugt bin, auch mit dem Risiko, dass ich für diese Überzeugungen angegriffen und verletzt werde. Wir leben heute im Zeitalter des Populismus, wo viele von uns sich nur nach Zustimmungswerten, Einschaltquoten, Beliebtheitsskalen richten. Auch das ist ein Ausdruck von Wertlosigkeit: Wenn ich keinen Wert in mir habe, muss ich Zustimmungswerte von außen erhaschen, selbst wenn ich mich dafür verbiegen muss und ein Wendehals werde. Das tut nicht gut.

Tapferkeit können wir heute anders nennen: Zivilcourage. Wir wissen, wie wichtig diese Tugend für unsere Gesellschaft ist. Tapferkeit heißt, für andere einzutreten. Sie meint auch eine Grundhaltung, aus der heraus wir das Leben meistern.

Ich leide, also bin ich

Pascal Bruckner, ein französischer Philosoph, hat ein Buch mit dem provozierenden Titel geschrieben: »Ich leide, also bin ich«. Darin geißelt er zwei Grundhaltungen unserer Zeit, den »Infantilismus« und die »Viktimisierung«.

Für den Infantilismus findet er deutliche Worte: Der Mensch der Zukunft ist für ihn ein alterndes Riesenbaby mit riesigen Erwartungen an die anderen, ohne Bereitschaft, selbst Verantwortung zu übernehmen. Und an seiner Seite, so sagt er mit dem scharfsichtigen Humor der Franzosen, steht der Klerus der Juristen, der viel aggressiver ist, als der katholische Klerus es jemals war. Wer immer Opfer ist, und sicher, dass nur die anderen Schuld haben, wird Seite an Seite mit dem neuen, aggressiven Klerus sein Recht einfordern, andere verklagen, Schadenersatz fordern, Prozesse durch alle Instanzen führen.

Mit Viktimisierung meint Bruckner die Haltung: »Ich bin immer das Opfer (lat. victima), schuld sind immer die anderen.«

Ich denke, auch damit haben viele Unternehmen zu kämpfen. Ich möchte es an einem Beispiel aus meiner Beratungspraxis verdeutlichen: Zu mir kam eine junge Frau, dreißig Jahre alt, mit ihrem vierundzwanzigjährigen Bruder, weil sie in Sorge war, dass der junge Mann seinen Weg ins Leben nicht findet. Er hatte das Gymnasium in der elften Klasse abgebrochen, dann eine Lehre als Elektriker angefangen, nach einem Jahr abgebrochen und eine Ausbildung zum Gärtner begonnen, die er nach einem Jahr ebenfalls abbrach. Ich fragte ihn: »Warum hast du die Schule und die Ausbildungen abgebrochen?«

»Ja«, war die Antwort, »die Lehrer waren so blöd, das konnte ich nicht mehr ertragen.« Der Meister im Elektrobetrieb war ganz furchtbar, und in der Gärtnerei waren auch alle blöd.

»Was möchtest du denn werden?«, fragte ich ihn.

»Sportjournalist im Fernsehen, aber nur für Autorennen«,

lautete seine Antwort. Er habe schon mal einen Brief ans ZDF geschrieben, aber nie eine Antwort bekommen.

Was ich diesem jungen Mann gesagt habe? Ich habe gesagt: »Du musst dich entscheiden, ob du immer im Nest deiner Mutter sitzen bleiben und die Welt dafür anklagen willst, dass sie dir, dem genial begabten jungen Mann, nicht gibt, was ihm zusteht. Oder ob du bereit bist, ins Leben zu springen und zu kämpfen. Wenn du kämpfst, wirst du verletzt. Das gehört zum Leben. Wer nicht verletzt werden will, der tritt erst gar nicht an zum Leben.«

Leben ist auch ein Stück Kampf, nicht der Kampf gegen jemand, sondern Kampf für das Leben, für die Werte, für die eigenen Überzeugungen. Das braucht unsere Zeit heute. Das ist Tapferkeit.

MÄSSIGUNG

Der dritte Wert Platons ist das Maß. Maß heißt nicht Mittelmäßigkeit, sondern »das rechte Maß finden«. Als Benediktiner möchte ich dazu ein bisschen mehr sagen: Der heilige Benedikt nennt die Mäßigung die Mutter aller Tugenden, und er verwendet drei Begriffe für Maß:

»Mensura«, das Getreidemaß

Aus dem Gefäß, mit dem man misst, können wir vieles ableiten: Etwa maßvoll mit den Ressourcen der Welt umzugehen; das richtige Maß zu haben im Wachstum; Maßlosigkeit im Konsum und in der Ausbeutung der Natur zu vermeiden. Nachhaltigkeit ist heute überlebenswichtig. Wenn wir den Kollaps vermeiden wollen, können wir mit Werten – positiven – Druck ausüben.

Der heilige Benedikt nennt die Mäßigung die »Mutter aller Tugenden«

Ich habe ein Buch zusammen mit Jochen Zeitz geschrieben, dem ehemaligen Vorstandsvorsitzenden von Puma, der das Unternehmen vor vielen Jahren saniert und auf eine absolute Nachhaltigkeit hin umgebaut hat. Inzwischen gibt es bei Puma keine Verpackungen mehr, die nicht recycelbar sind; 30 Prozent des Energieverbrauchs werden eingespart, und energieneutrale Fabriken werden geplant und gebaut. Jochen Zeitz weiß, dass das Geld kostet, er muss investieren. Natürlich tut er das nicht ganz uneigennützig; er hofft, dass es auf Dauer Erfolg bringt. Vor allem aber ist er davon überzeugt, dass das notwendig ist – und ich glaube, er kann damit andere in Zugzwang bringen. Der Konkurrent Adidas sitzt sogar am selben Ort. Ich denke, die können das nicht ignorieren. Wenn einer vorangeht und zeigt, dass es geht, dann müssen die anderen folgen. Deswegen soll man nicht nur auf die Politik warten, sondern selbst die Frage stellen (und beantworten): »Wie können wir Initiativen schaffen, die mit Gutem, mit Werten, auch wenn sie erst einmal Geld kosten, auf Dauer Geld verdienen?«

Maßlosigkeit im Sinne der »mensura« meint aber noch etwas anderes: Es gibt auch maßlose Ansprüche an uns selbst. Daniel Hell, ein Schweizer Psychiater, sagt: Die Depression, die heute schon die zweithäufigste Ursache dafür ist, dass Menschen krankgeschrieben werden, ist oft ein Hilfeschrei der Seele gegen maßlose Ansprüche an uns selbst. Immer perfekt sein, immer cool, immer gut drauf, immer alles positiv sehen, immer alles im Griff haben müssen – das sind maßlose Ansprüche, die niemand erfüllen kann. Da ist es gut, dass die Seele rebelliert. So kann man auf Dauer nicht leben. Gesund leben kann nur, wer im richtigen Maß lebt.

Viele Menschen klagen heute, dass sie ausgebrannt sind. Seit vielen Jahren begleite ich Menschen, die im Burn-out sind, und immer sagen sie: »Ich bin im Burn-out, weil ich zu viel gearbeitet habe« – nur glaube ich das leider nie, denn die Arbeit allein brennt einen nicht aus. Burn-out hat immer andere Gründe. Ein wichtiger Grund ist die Quelle, aus der ich schöpfe. Schöpfe ich aus der Quelle von Freude, von Lust, letztlich auch aus der spirituellen Quelle, oder schöpfe ich aus trüben Quellen, etwa der des ständigen Drucks?

Natürlich steht jedes Unternehmen unter einem gewissen Druck, aber die Frage ist, wie ich den Druck erlebe, ob ich sportlich darauf reagiere oder ob dieser Druck aus meinem (falschen) Lebensmuster kommt. Mir hat eine Frau erzählt, dass sie sich sogar beim Bügeln unter Druck setzt, weil sie die Wäsche unbedingt in einem bestimmten Zeitraum schaffen will. Ich kenne einen Priester, der sich bei allem, was er tut, unter Druck setzt, weil er denkt, alle müssten es perfekt finden. Andere fragen sich ständig, was die anderen über sie denken. Man kann sich bei allem unter Druck setzen. Wenn man mit diesem Lebensmuster in eine wirtschaftliche Situation kommt, in der von außen auch noch Druck wirkt, dann ist es tatsächlich nicht mehr weit bis zum Burn-out.

Ein anderer Grund für den Burn-out ist, dass man zu viel Energie braucht, um das, was man bei sich nicht wahrhaben will, unter Verschluss zu halten. Eine Frau sagte mir: »Ich kann nicht in die Stille gehen, da kommt ein Vulkan in mir hoch.« Wer mit diesem Bild lebt, braucht viel Energie, um den Vulkan ständig einzudämmen, und diese Energie fehlt dann bei der Arbeit und zum Leben. Manche Menschen fahren gewissermaßen mit angezogener Handbremse durch ihr Leben und brauchen dafür so viel Energie, dass sie keine mehr zum Fahren haben.

Natürlich gibt es auch Menschen, die ihr Maß zu klein ansetzen, die vor lauter Sich-Abgrenzen gar nicht in die Gänge kommen. Ich habe auch Betriebswirtschaft studiert, und da spricht man von Input und Output. Ich kenne Mitarbeiter, die sich vor lauter Input verschlucken. Sie brauchen ganz viel, aber es fließt nichts, es kommt gar nichts heraus. Mit dem richtigen Maß dagegen kommt etwas in Fluss, es enthält ein Stück Hingabe: dass ich mich hingebe an die Arbeit, an die Menschen.

Es gibt dazu ein schönes Gedicht von Erich Fried:

Kleines Beispiel

Auch ungelebtes Leben
geht zu Ende
zwar vielleicht langsamer
wie eine Batterie
in einer Taschenlampe
die keiner benutzt
Aber das hilft nicht viel:
Wenn man (sagen wir einmal)
diese Taschenlampe
nach so-und-so-vielen Jahren
anknipsen will
kommt kein Atemzug Licht mehr heraus
und wenn du sie aufmachst
findest du nur deine Knochen
und falls du Pech hast auch diese
schon ganz zerfressen
Da hättest du
genau so gut
leuchten können

Manche Menschen haben aus lauter Angst, dass ihre Energie verbraucht wird, ihr ganzes Leben nie geleuchtet und sind dann ständig unzufrieden, weil von ihnen nichts ausgeht und in ihrem Leben kein Licht ist. Das meint »mensura«: Aus welcher Quelle schöpfe ich, kenne ich mein Maß und meine Grenzen?

»Temperatio«, das rechte Maß

Das zweite Wort des heiligen Benedikt für Maß heißt »temperatio«. Darin steckt »tempus«, die Zeit. Es geht also auch darum, das richtige Zeitmaß zu finden. Carl Gustav Jung, der Schweizer Therapeut, sagte:

> *Wer im Rhythmus arbeitet,*
> *kann effektiver arbeiten.*

Die Natur hat einen Rhythmus, jeder von uns hat einen Biorhythmus, und den sollten wir beachten. Manche Menschen meinen, wenn sie powern und powern, kommt mehr dabei heraus. Ein Direktor einer großen Bank hat mir erzählt, wenn sein Chef Sitzungen hält, dauern die oft zehn Stunden ohne Pause – was bitte soll bei zehnstündigen Sitzungen herauskommen, außer vielleicht Aggressionen?

Wenn ich nicht im Rhythmus arbeite, verpulvere ich ganz viel Energie. Im Rhythmus zu arbeiten ist viel effektiver und tut dem Menschen gut, es ist nachhaltiger. Ein wichtiger Weg, den Rhythmus, den eigenen Biorhythmus wahrzunehmen, sind Rituale. Die alten Griechen sagten, Rituale schaffen eine heilige Zeit. Heilig ist das, was der Welt entzogen ist, was mir gehört, worüber keiner verfügen kann.

Jeder von uns muss Erwartungen erfüllen: Erwartungen des Arbeitgebers, der Kollegen, der Familie, der Kirche und anderer Gruppen, die in unserem Leben von Bedeutung sind. Wir sind immer unter Erwartungsdruck. Wenn ich aber immer nur Erwartungen anderer erfülle, werde ich bitter.

Rituale sind ein Gegengewicht. Im Ritual lebe ich selbst, anstatt gelebt zu werden. Die heilige Zeit des Rituals gehört mir. Wenn ich zum Beispiel den Morgen mit etwas beginne, wozu ich Lust habe, wodurch ich aufatmen kann, dann kann ich mit meinen inneren Quellen in Berührung kommen, kann Kraft schöpfen.

Rituale dienen auch dazu, Übergänge zu schaffen, eine Tür zu schließen und eine andere zu öffnen. Das ist das Problem vieler Menschen, die abends heimkommen: Die Familie will etwas von ihnen, aber sie sind gar nicht präsent. Sie sind noch mit den Gedanken in der Arbeit, sie haben die Tür zur Arbeit noch nicht geschlossen. Diese Tür muss aber geschlossen werden, entweder auf dem Heimweg oder spätestens, wenn ich die Haustür öffne. Ich muss die Arbeit und die Probleme draußen lassen, wenn ich dort präsent sein will, wo ich eintrete.

Die heutige Zeitphilosophie spricht von »Simultanten«, von Menschen, die alles gleichzeitig machen: Sie gehen spazieren, telefonieren währenddessen auf dem Handy und erledigen nebenbei ihre Bankaufträge. Das klingt ganz praktisch, nur, um im Bild zu bleiben, diese Menschen sind immer im Nirgendwo. Sie kommen nie irgendwo an, sind nie dort, wo sie sind, sondern immer woanders, und das tut der Seele nicht gut.

Ich habe einmal an einer Hochschule einen Vortrag über dieses Thema gehalten und danach noch ein bisschen mit dem Rektor und seiner Frau geredet. Die Frau sagte zu ihrem Mann: »Hast du richtig hingehört, was Pater Anselm gesagt hat? Ich habe dir schon oft gesagt, wenn du im Wohnzimmer sitzt, möchte ich mit dir reden und nicht mit der ganzen Hochschule.« Vielleicht muss Ihre Frau oder Ihr Mann auch nicht immer mit der ganzen Belegschaft reden, sondern sie möchte nur mit Ihnen reden. Es ist wichtig, Türen zu schließen, damit ich dort bin, wo ich bin.

»Discretio«, die Kunst der Unterscheidung

Das dritte Wort für Maß ist »discretio«, die Gabe der Unterscheidung. Diese Tugend verlangt der heilige Benedikt vor allem vom Abt. Er schreibt:

> *Er denke an die maßvolle Unterscheidung (discretio) des heiligen Jakob, der sprach: »Wenn ich meine Herden unterwegs überanstrenge, werden alle an einem Tage zugrundegehen.« Diese und andere Zeugnisse maßvoller Unterscheidung (discretio), der Mutter aller Tugenden, beherzige er. So halte er in allem Maß, damit die Starken finden, wonach sie verlangen, und die Schwachen nicht davonlaufen.*
>
> REGEL BENEDIKTS 64,18f

Discretio ist also einmal eine Gabe, die Gott uns schenkt. Zum anderen aber ist sie auch eine Tugend, die wir üben sollen. Wir sollen ein Gespür dafür entwickeln, was wir dem einzelnen zumuten sollen. Dabei sollen Starke und Schwache nicht nivelliert werden. Vielmehr sollen die Starken ihre Stärke noch mehr entfalten, ohne dass die Schwachen entmutigt werden. Starke und Schwache sollen sich gegenseitig ergänzen, anstatt sich zu lähmen.

Als Tugend für den Führenden besteht die Discretio darin, für jeden Mitarbeiter und jede Mitarbeiterin das richtige Maß zu entdecken. Dann lähme ich die Mitarbeiter nicht, sondern fördere sie. Ich wecke in ihnen die Fähigkeiten, die in ihnen stecken. Und ich fördere den Wert, den jeder einzelne besitzt. Jeder, der Starke und der Schwache, hat seine eigenen Stärken. Was uns auf den ersten Blick als schwach erscheint, hat auch eine Stärke in sich. Und was wir als stark ansehen, das hat auch seine schwachen Seiten. So gilt es, in allen Menschen Stärken und Schwächen miteinander in Einklang zu bringen und so zu führen, dass die Stärken der Gemeinschaft dienen und die Schwächen sie nicht lähmen.

Die Discretio schafft somit ein Klima, das für alle gut ist, für die Starken und für die Schwachen. Und sie ist ein Segen für jeden einzelnen und für die ganze Gemeinschaft. Sie ist wirklich die Mutter aller Tugenden. Von ihr hängt ab, ob unser eigenes Leben gelingt und ob wir um uns herum Leben wecken oder Leben behindern.

KLUGHEIT

Die vierte Tugend nach Platon ist die Klugheit: die Fähigkeit, zu spüren, was machbar ist, was in einer bestimmten Situation klug ist. Thomas von Aquin sagte, »prudentia« (lat. für Klugheit) kommt von »providentia«, der Voraussicht.

Klug ist, wer einen weiten Horizont hat und deshalb mit Weitblick entscheiden kann. Kluge Menschen haben ein Gespür für das, was möglich ist, und für das, was jetzt richtig ist. Sie wollen nicht immer das Beste, denn das Beste ist nicht immer gut für den Menschen.

Klug ist, wer einen weiten Horizont hat und deshalb mit Weitblick entscheiden kann.

Was ist klug, jetzt für den Augenblick? Um das zu wissen, brauche ich einen weiten Horizont, ich brauche »sapientia«, die Weisheit, und die kommt von sapere, was »schmecken, kosten, verstehen« bedeutet. Weise war für die alten Römer derjenige, der schmecken und Geschmäcker unterscheiden, der auch sich selbst leiden kann. Wir sagen heute noch, ein Gespräch habe einen Nachgeschmack, sei es einen faden oder einen bitteren. Kann ich mich selbst schmecken und verstehen, geht auch etwas Positives von mir aus.

Das sind die vier Grundwerte, welche die griechische Philosophie entwickelt hat und von denen ich denke, dass sie heute noch gelten. Sie müssen nur immer wieder aktualisiert werden. Ihnen stelle ich die drei christlichen Grundwerte zur Seite, wobei ich nicht theologisch über sie reden will, sondern unter dem Aspekt der Führung.

Die drei christlichen Tugenden

Unnachahmlich hat der heilige Paulus in seinem bekannten Brief an die Gemeinde in Korinth die christlichen Tugenden Glaube, Hoffnung und Liebe in Szene gesetzt:

> *Für jetzt bleiben Glaube, Hoffnung, Liebe, diese drei;*
> *doch am größten unter ihnen ist die Liebe.*
> 1. KORINTHERBRIEF 13,13

Diese Worte sind aber mehr als schöne und romantische Zeilen für Hochzeiten – diese Tugenden haben auch im alltäglichen Familien- und Wirtschaftsleben ihre Bedeutung.

GLAUBE

Natürlich ist für Christen der erste Grundwert der Glaube. Vielleicht denken Sie jetzt: »Was hat denn, bitte, Glaube mit Führung zu tun?« Auch hier möchte ich drei Aspekte nennen.

Glaube macht frei

Wer glaubt, weiß: »Ich bin getragen.« Glaube entlastet. Ob eine Entscheidung richtig war, die wir getroffen haben, hängt nicht nur von unseren Überlegungen, von unserer Intelligenz ab. Ob meine Entscheidung, ob das Werk meiner Hände Segen bringt, hängt nicht nur von mir ab, sondern vom Segen Gottes. Glaube ist das Vertrauen, dass Gott das segnet, was ich tue.

Das entlastet. Statt unablässig über die Richtigkeit meiner Entscheidungen und ihre Folgen nachzugrübeln, überlasse ich es Gott. Das heißt nicht, dass wir es uns einfach machen, nicht nachdenken und nichts tun sollen. Ich tue das, was mir möglich ist, aber ich grübele nicht ständig und fruchtlos nach. Glaube gibt eine innere Freiheit und Unabhängigkeit. Wenn ich in Gott meine Freiheit habe, muss ich mich nicht nach der Meinung der Menschen richten und es allen recht machen.

Glauben heißt Vertrauen

Glauben an Gott als unser aller Schöpfer muss sich ausdrücken im Glauben an den Menschen als Geschöpf Gottes. Der heilige Benedikt sagt, wir sollen in jedem Menschen Christus sehen, in jedem den Bruder, in jeder die Schwester. Das meint nicht, dass wir eine rosarote Brille aufsetzen und alle nur lieb und nett finden. Nein, ich sehe den Menschen, wie er ist, auch mit seinen negativen Seiten und Eigenschaften, aber ich lege ihn nicht fest. Ich glaube an den guten Kern, und weil ich an den guten Kern glaube, kann ich das Gute im Menschen sehen und wecken.

Sie kennen das sicher: Wenn Sie in Ihrem Unternehmen Führungskräfte haben, die misstrauisch sind und nur das Schlechte sehen, dann wecken die kein Leben und keine Kreativität in ihren Mitarbeitern. Sondern sie bewirken, dass sich die Menschen hinter Regeln und dem »Dienst nach Vorschrift« verschanzen und versuchen, sich innerlich selbst zu schützen. Nur mit Vertrauen kann ich Leben und Kreativität wecken.

Wenn ich an den guten Kern in einem Menschen glaube, kann ich das Gute in ihm sehen und wecken.

Vertrauen spart auch Energie. Es ist heute eine Untugend unserer Gesellschaft, dass alles immer mehr von Angst geprägt ist, dass alles kontrolliert und protokolliert wird, um sich gegen Anklagen und Vorwürfe abzusichern. Ärzte und Krankenpfleger müssen 30 Prozent ihrer Zeit und Energie mit Dokumentieren vergeuden.

Seit dem 1. Januar 2010 gibt es zum Beispiel das unselige Gesetz, dass man jedes Gespräch mit dem Bankberater protokollieren muss. Der muss dann unterschreiben, damit ich ihm irgendwann nachweisen kann, dass er mich falsch beraten hat. Diesen bürokratischen Unsinn mache ich nicht mit. Ich habe mich als professioneller Anleger eintragen lassen, weil ich nicht bereit bin, irgendwelche merkwürdigen Vorschriften erfüllen zu müssen, die nur Energie kosten und von Angst geprägt sind. Angst kostet Energie, sehr viel Energie.

In vielen Unternehmen wird ständig alles kontrolliert. Das bringt nichts Neues, sondern nährt die falsche Erwartung, dass kein Fehler passieren kann. Es ist ein Irrtum zu glauben, man könnte Fehler mit Kontrolle ausrotten. Das können Sie jeden

Tag in der Zeitung lesen: Beim ICE Ausbau von München nach Nürnberg ist alles protokolliert worden, trotzdem gab es viel Pfusch. Das Atomkraftwerk von Fukushima wurde kontrolliert und die Kontrolle dokumentiert – Sie wissen ja, wie viel das genutzt hat. Oder die Finanzkrise. Alle Banken und Investmentgesellschaften hatten ihre Wirtschaftsprüfer, es ist alles protokolliert worden, und was war das Ergebnis?

Zu glauben und zu vertrauen heißt nicht, vertrauensselig zu sein, sondern es heißt, eine Atmosphäre schaffen, in der Menschen einander trauen können. Vertrauen erzeugt Energie, mit Vertrauen kann man sinnvoll und effektiv arbeiten.

Glauben prägt die Sprache

Der jüdische Dichter Paul Celan sagte einmal:

Es gibt keinen Glauben ohne Sprache
und keine Sprache ohne Glauben.

In vielen Unternehmen wird eine sehr aggressive Sprache gesprochen. Denken Sie nur daran, dass man die Konkurrenz angreifen, bekämpfen und aus dem Feld schlagen muss. Auch innerhalb der Unternehmen wird oft eine bewertende, verurteilende, verletzende, eine vorwurfsvolle und kalte Sprache gesprochen. Eine kalte Sprache führt dazu, dass die Menschen sich verschließen, denn niemand will sich an meiner Kälte erkälten.

Der Evangelist Lukas erzählt von Pfingsten als einem Sprachereignis, da kommt der Heilige Geist in Feuerzungen, da springt ein Funke über, da wird Wärme entwickelt. Die Kirchenväter sagen:

Die Sprache baut ein Haus.

Wenn ich mit einer unachtsamen, verletzenden, vorwurfsvollen, menschenverachtenden Sprache spreche, dann baue ich ein Haus, in dem niemand zu Hause ist und niemand gerne bleiben will. Eine wärmende Sprache schafft dagegen Heimat und öffnet die Menschen. Eine Sprache, die aus dem Herzen kommt, schafft Verbundenheit und weckt Energie in den Menschen.

Ich habe zum Beispiel viele Kurse für die Daimler AG gehalten. Als wir über die Sprache redeten, sagten die Manager: »Ja das stimmt. Wir haben Chefs, die haben eine wärmende Sprache, mit denen arbeiten wir auch gerne zusammen. Andere haben eine kalte Sprache, da schützt man sich, damit man ihnen nicht zu nahe kommt und nicht verletzt wird.« Einer erzählte sogar: »Unser Chef hat zwar nach außen hin eine wärmende Sprache, aber er trickst einen damit aus. In unserer Abteilung gibt es den bösen Spruch: ›Bei dem wirst du so über den Tisch gezogen, dass du meinst, die Reibungshitze, die dabei entsteht, sei Nestwärme‹«. Das war glücklicherweise ein Ausnahmefall. Diese Art »wärmende« Sprache meine ich nicht.

Ein anderes Beispiel: Ich habe einmal bei einer christlichen Stiftung einen Kurs zum Thema »Führen mit christlichen Werten« gehalten. Am Anfang waren alle begeistert – »Ja, natürlich führen wir mit christlichen Werten!« –, aber als ich auf die Sprache zu sprechen kam, gab es auf einmal eine hitzige Diskussion. Eine weibliche Führungskraft sagte: »Also, wenn ich ehrlich bin, werde ich in diesem Kreis überhaupt nicht wahrgenommen, wenn ich sage, was ich im Herzen spüre. Nur wenn ich die kalte Business-Sprache spreche, hört mir überhaupt jemand zu.« Im Laufe der Diskussion mussten die Teilnehmer feststellen, dass sie zwar mit christlichen Werten führen wollten, ihre Sprache aber zutiefst unchristlich war.

Ob unsere Sprache aus dem Glauben kommt, hängt nicht davon ab, ob wir das Glaubensbekenntnis in der Kirche nachsprechen, sondern wie wir zu Menschen, über Menschen, mit Menschen sprechen. Viele Menschen führen einerseits fromme Worte im Mund und sprechen trotzdem eine menschenverachtende, bewertende, verurteilende Sprache. Welches Haus bauen Sie mit der Sprache, die Sie sprechen?

HOFFNUNG

Der zweite christliche Wert ist die Hoffnung. Hoffnung ist etwas anderes als Erwartung. Erwartungen können enttäuscht werden. Wenn Sie Erwartungen an Arbeitserfolge haben oder von einem Mitarbeiter etwas erwarten, können Sie enttäuscht werden. Die Hoffnung kann nicht enttäuscht werden. Gabriel Marcel, ein französischer Philosoph, sagt:

Hoffen heißt, ich hoffe für Dich und auf Dich.

Ich erhoffe nicht bestimmte Dinge, sondern Hoffnung ist immer personal, ich hoffe für dich und setze meine Hoffnung in jemanden. Paulus sagt:

> *Wir hoffen auf das, was wir nicht sehen.*
> RÖMERBRIEF 8,25

Wer hofft, kann warten, kann auch Leben hervorlocken. Niemand kann Vater oder Mutter sein ohne Hoffnung, niemand kann ein Unternehmen führen, der keine Hoffnung hat. Nur wo Hoffnung ist, kann etwas entstehen, kann etwas wachsen. Dante Alighieri, der italienische Dichter, sagt:

> *Wo keine Hoffnung ist, ist Hölle.*

Der atheistische Philosoph Ernst Bloch hat das berühmte Buch »Prinzip Hoffnung« geschrieben, in dem er sagt:

> *Wertvoll werden die Dinge erst,*
> *wenn Hoffnung hineinverwoben ist.*

Ob ein Gebäude eines Architekten gut ist, liegt nicht nur am Design und an der Statik, sondern daran, ob es gebaute Hoffnung ist.

Ich denke, das gilt für jedes Unternehmen: Es kommt darauf an, ob wir Hoffnung vermitteln mit unserer Dienstleistung, unserer Behörde, unseren Produkten. Vermitteln wir mit den Produkten Hoffnung? Hoffnung auf Zuverlässigkeit, auf Sicherheit, auf Lebensqualität? Vermitteln wir mit unseren Beratungsleistungen unseren Kunden Hoffnung? Um das zu erreichen, müssen wir immer wieder Fantasie aufbringen, neue Lösungen finden und mutig neue Wege beschreiten. Legen wir Hoffnung dem zugrunde, was wir produzieren, was wir tun und der Art, wie wir mit den Menschen umgehen. Das macht das Leben erst richtig wertvoll.

LIEBE

Der höchste christliche Wert ist die Liebe. Das klingt schon wieder sehr fromm, aber ich möchte hier auch die Liebe als »virtus« sehen, als Kraftquelle.

Dazu ein kleines Beispiel: Wenn Sie in eine Sitzung mit Ihren Führungskräften oder mit Mitarbeitern mit dem Gefühl hineingehen »wie schrecklich, jetzt muss ich mich wieder mit diesen Querulanten und Besserwissern herumstreiten«, dann haben Sie sicher nach zwei Stunden Kopfweh. Wenn Sie aber denken »die sind nicht alle einfach, aber ich mag sie und arbeite gerne mit ihnen zusammen«, dann werden Sie plötzlich feststellen, dass Sie sich gegenseitig die Ideen wie Bälle zuwerfen und nach zwei Stunden erfrischt aus dem Meeting gehen. Werte sind Kraftquellen.

In der Psychologie spricht man von Kraftspendern und Energieräubern. Eine Sitzung, in die ich mit »Grundwohlwollen« gehe, ist ein Energiespender. Eine Sitzung, in der jeder gegen jeden ist und jeder jeden verachtet, ist ein Energieräuber. Leider sind diese Räuber in vielen Unternehmen aktiv.

Jeder Mensch hat die Werte als Kraftquellen.
Sie sind in seiner Seele eingepflanzt.

Sie sehen, Werte sind nichts, dem wir mit schlechtem Gewissen nachschleichen müssen. Ich habe nicht vor, Ihnen ein schlechtes Gewissen zu machen, und das würde Ihnen (und mir) auch gar nichts bringen. Ich habe nichts Neues gesagt, ich möchte Sie einfach in Berührung bringen mit dem, was Sie bereits in sich haben. Jeder von Ihnen hat diese Werte, diese Kraftquellen, sie sind in unserer Seele eingepflanzt. Wir brauchen nur immer wieder einmal die Erinnerung und die Ermutigung, dass sie da sind.

Spüren Sie den Stellen nach, an denen Sie sich berührt gefühlt haben, an denen Sie wussten: »Ja, das ist mein Wert, meine Kraftquelle.« Diesen Werten können Sie trauen. Ich glaube, gerade für unsere mittelständische Wirtschaft ist es wichtig, diese Werte zu bewahren. Werte machen Ihr Leben wertvoll, machen das Miteinander wertvoll und machen auf Dauer Ihr Unternehmen wertvoll. Mögen Ihre Werte immer Kraftquellen sein, aus denen Sie schöpfen können, damit Sie mit Ihrem Wert und dem Wert, den Sie mit Ihrer Arbeit schaffen ein Segen sind für die Menschen.

Übung

DER HEILIGE RAUM

Strecke Deine Arme zum Himmel und lass sie dann ganz langsam zur Brust sinken. Achte ganz bewusst auf diese Geste und nimm das Gefühl wahr, das Du dabei verspürst.

Spüre die Kraft Gottes, die Dich in Deinen inneren, heiligen Raum führt. Lass Dich nun ein auf diesen heiligen Ort und spüre Gott selbst in Dir. Er wohnt in Dir in diesem Raum. Erahne, dass Du dort, wo Gott in Dir wohnt, ganz Du selbst bist.

Wertschätzung
inspiriert Menschen

Wertschätzung des Menschen bedeutet konkret: Ich spreche einem anderen seinen Wert zu. Ich vergleiche seinen Wert nicht mit dem eines anderen. Ich achte vielmehr seinen einmaligen Wert. Er ist ein wertvoller Mensch. Sein Wert besteht in seiner Einmaligkeit. Jeder Mensch ist einmalig, einzigartig. Für uns Christen ist jeder Mensch ein einmaliges Wort, das Gott nur über diesen Menschen spricht. Seine Würde besteht letztlich darin, dass er etwas von Gott in dieser Welt ausdrückt, das nur durch diesen Menschen ausgedrückt werden kann.

Wertschätzung ist etwas anderes als den Menschen zu bewerten. Wir sind immer sehr schnell bereit, den anderen zu bewerten, wir fällen ein Werturteil über ihn. Wir beurteilen, ob er mehr oder weniger wertvoll ist. Doch dieses Werturteil steht uns nicht zu. Wertschätzen ist kein Beurteilen, sondern der Ausdruck, dass ich in jedem Menschen eine unantastbare Würde erkenne. Das Problem ist, dass wir den anderen oft entwerten, vor allem dann, wenn wir unsicher sind über unseren eigenen Wert. Wer sich selbst als wertlos erlebt, muss ständig seinen Wert beweisen.

Er muss im Mittelpunkt stehen, damit andere ihn wertschätzen. Und er muss andere entwerten, um sich selbst aufzuwerten.

Wertschätzung des Menschen bedeutet:
Ich achte seinen einmaligen Wert.
Er ist ein wertvoller und einmaliger Mensch.

Die Wertschätzung beginnt mit dem Sehen. Ich schaue mit Augen des Glaubens auf den anderen. Ich lege ihn nicht fest auf das, was ich sehe. Ich sehe auf den Grund seiner Seele und entdecke dort in ihm seinen unantastbaren Wert, den er als Mensch hat. Der heilige Benedikt ermahnt uns Mönche dazu, im anderen Christus zu sehen, in jedem Menschen den guten Kern zu entdecken. Glauben ist vor allem eine neue Sichtweise: Ich sehe den Wert des anderen, ich sehe das Gute im anderen.

Aber dieser Glaube muss sich dann auch in Worten ausdrücken. Das kann durch Loben geschehen. Glauben und Loben haben die gleiche Wurzel »liob«, das heißt »gut«. Im Glauben sehe ich das Gute und im Loben benenne ich das Gute. Dadurch wird das Gute erfahrbar für mich als Sprechenden, aber auch für den, den ich lobe. Und es wird erfahrbar für die Gruppe. Wenn ich das Gute im Menschen in einer Gruppe anspreche, dann hat das eine Auswirkung auf die Gruppe. Wer immer nur das Negative im Menschen anspricht, der hat auf die Gruppe eine niederziehende Wirkung, der deprimiert die Leute.

Eine andere Art, Werte durch Worte auszudrücken ist das Segnen. Segnen heißt im Lateinischen »benedicere« (bene = gut, dicere = sagen). Segnen heißt also zunächst: etwas Gutes sagen, gut zum Menschen und über den Menschen reden.

Viele Menschen fühlen sich heute verflucht. Sie haben schon als Kind negative Worte gehört: »Du bist unmöglich. Mit dir kann es keiner aushalten. Du bist nicht richtig. Du bist eine Last für uns.«

Wer solche Fluchworte gehört hat, der sehnt sich nach Segensworten, die ihm ein Mensch zuspricht, und nach den Segensworten, die Gott über ihn spricht. Gott hat in der Taufe über uns das große Segenswort gesagt:

Du bist mein geliebter Sohn, du bist meine geliebte Tochter. An dir habe ich Gefallen.
VGL. MATTHÄUSEVANGELIUM 3,17

Wenn ich jemanden wertschätze, segne ich ihn damit. Ich spreche ihm Gutes zu. Wenn meine positiven Worte begründet sind, werden sie einen Widerklang finden in die Seele des anderen, werden sie in ihm die richtigen Saiten zum Klingen bringen und so ein Segen für ihn sein. So wirkt meine Wertschätzung für andere inspirierend, mein Gegenüber wird dadurch belebt und begeistert.

Übung

IN DEN SPIEGEL SCHAUEN

Nimm Dir ein wenig Zeit, Dein Gesicht heute aufmerksam im Spiegel zu betrachten. Wen siehst Du?

Bist Du es, der Dich da anschaut, oder Deine Rolle als Mutter oder Vater, als Partner oder Partnerin, als Berufstätige oder Berufstätiger?

Wie hat sich Dein Gesicht verändert, seit Du es das letzte Mal aufmerksam betrachtet hast?

Versuche, drei Dinge zu entdecken, die Dir richtig gut gefallen an Dir. Nimm auch wahr, was Dir nicht so gut gefällt, aber versuche es zu akzeptieren, ohne Dich zu verurteilen.

Verneige Dich in Wertschätzung vor Deinem Spiegelbild und versuche diese Achtung vor Dir selbst mit in den Tag zu nehmen.

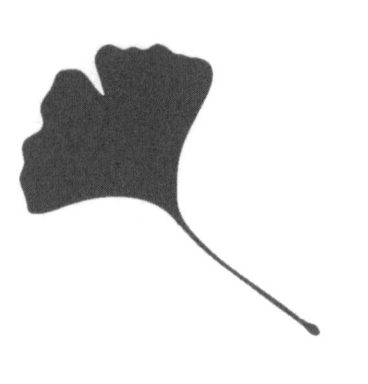

Was Wertschätzung

beim Empfänger bewirkt

Es gibt eine schöne biblische Geschichte, die vom Aufgerichtetwerden des Menschen erzählt: Es ist die Geschichte von der Heilung der verkrümmten Frau:

> *Am Sabbat lehrte Jesus in einer Synagoge. Dort saß eine Frau, die seit achtzehn Jahren krank war, weil sie von einem Dämon geplagt wurde; ihr Rücken war verkrümmt und sie konnte nicht mehr aufrecht gehen. Als Jesus sie sah, rief er sie zu sich und sagte: »Frau, du bist von deinem Leiden erlöst.« Und er legte ihr die Hände auf. Im gleichen Augenblick richtete sie sich auf und pries Gott.*
> LUKASEVANGELIUM 13,10–13

Da sitzt eine Frau in der Synagoge, die schon lange so verkrümmt ist, dass sie nicht mehr aufrecht gehen kann. Sie kann nicht zu sich selbst stehen. Sie ist erdrückt und verbogen vom Leben. Sie lässt sich hängen. Sie spürt ihre eigene Würde nicht. Jesus heilt diese Frau in vier Schritten:

Der erste Schritt der Heilung besteht darin, dass Jesus diese Frau, die in sich selbst gefangen ist, ansieht und ihr damit Ansehen verleiht. Ansehen schenken heißt Wertschätzen.

Der zweite Schritt ist, dass Jesus die Frau anspricht. Das griechische Wort »prosphonein« meint: auf gleicher Augenhöhe mit jemandem sprechen. Jesus redet nicht von oben herab zu ihr. Er belehrt sie nicht, zeigt ihr nicht, was sie tun soll. Er tritt in einen Dialog mit ihr ein. Er nimmt sie ernst.

Der dritte Schritt besteht in der Zusage: Frau, du bist von deinem Leiden erlöst.« (Lukasevangelium 13,12) Jesus sagt der Frau etwas zu. Er spricht ihr die Heilung und die Erlösung zu. Er spricht sie auf das an, was, wenn auch tief verborgen, bereits in ihr ist: das Freie und Erlöste, das Starke und Kräftige, das Heile und Ganze. Er bringt sie in Berührung mit ihrer eigenen Kraft und mit ihrer eigenen Würde als Frau, die heil ist und ganz und frei.

Im vierten Schritt legt ihr Jesus die Hände auf, um seine Kraft in sie strömen zu lassen. Er gibt ihr Anteil an seiner Stärke, an seinem Geist. Man könnte auch sagen: Jesus berührt die Frau, damit sie mit sich selbst und ihrer eigenen Kraft und Würde in Berührung kommt.

Diese vier Schritte befähigen die Frau dazu, sich aufzurichten und Gott zu loben. Auch hier handelt Jesus genau so, wie es der Situation der Frau entspricht. Die Schritte seiner Therapie sind Reaktion auf ihre Krankheit. Jesus tut genau das, was diese Frau braucht, um zu sich selbst zu stehen und sich aus ihrer Verkrümmung aufzurichten.

Er verzichtet darauf, die Verkrümmung durch irgendwelche technischen Methoden aufzulösen. Weil Jesus sie anschaut und anspricht und berührt, kommt sie mit sich und ihrer eigenen Kraft und ihren Möglichkeiten in Berührung. So richtet sich die Frau selbst auf. Sie, die in sich gefangen war, spürt ihre innere Fähigkeit, aufrecht zu stehen. Sie steht auf, sie steht zu sich und sie lobt Gott.

Sie hatte in ihrer schrecklichen Verkrümmung auch die Beziehung zu Gott verloren. Jetzt lobt sie Gott. Jetzt tut sie das, was am Sabbat dem Menschen geziemt. Jetzt ist sie die Frau geworden, als die Gott sie in der Schöpfung gestaltet hat: mit Würde ausgestattet, aufrecht und in Beziehung zu sich, zu den Menschen und zu ihrem Schöpfer.

So wirkt Wertschätzung beim Empfänger: aufrichtend, befreiend, als Wiederherstellung der Würde. Und sie stiftet Beziehungen zwischen Geber und Empfänger, aber auch zwischen dem Empfänger und dem Rest seiner Welt.

Übung

ACHTSAM UND WERTSCHÄTZEND SEIN IM WORT

Worte können Wunden schlagen, sie können aber auch heilen.

Beobachte heute einmal ganz bewusst Deine Sprache. Achte darauf, welche Wirkung Deine Worte bei anderen Menschen haben und welche Wirkung die Worte der anderen auf Dich haben.

Überlege bei dem, was Du heute sagst, was Du mit Deinen Worten erreichen willst und ob Dir das gelingt. Versuche, Deine Worte bewusst zu wählen und nicht unachtsam Dinge zu sagen, die Du so nicht meinst. Frage auch bei anderen nach, wenn Du das Gefühl hast, sie sagen nicht das, was sie eigentlich meinen.

Versuche dann bewusst, Dir selbst und anderen mit Worten Gutes zu tun und so Kommunikation gelingen zu lassen.

*Haltungen
der Wertschätzung*

Wer Wertschätzung geben will, braucht dafür bestimmte Haltungen dem Empfänger gegenüber. Er muss den anderen wahrnehmen, ihn respektieren und in höflicher, positiver Weise mit ihm umgehen. Nur dann kann es gelingen, Wertschätzung so zu äußern, dass das Gegenüber gestärkt daraus hervorgeht.

Respekt

Respekt vor dem anderen Menschen ist eine Haltung, in der sich Wertschätzung ausdrückt. Wir verstehen unter Respekt heute vor allem die Achtung vor dem anderen. Manchmal legen wir in den Respekt auch das Gefühl von Ehrerbietung oder gar von Scheu vor dem Geheimnis des anderen. Das Wort Respekt kommt eigentlich vom lateinischen »respicere«, das »zurückschauen, immer wieder hinschauen« bedeutet. Die wörtliche Übersetzung von Respekt wäre also Rücksicht. Doch Rücksicht hat im Deutschen eine andere Bedeutung angenommen.

Respekt meint im Sinne des »Wiederhinschauens«: Ich verlasse mich nicht auf meinen ersten Blick auf den anderen. Ich lege einen Menschen durch meinen ersten Eindruck nicht fest. Ich sehe nochmals hin. Ich versuche genauer hinzusehen und den Wert des anderen zu erkennen.

Respekt heißt, ich lege einen Menschen nicht durch meinen ersten Eindruck fest, ich sehe ihn vorurteilsfrei an.

Und ich schaue zurück. Ich wende mich um zum anderen. Ich gehe nochmals auf ihn zu, um in aller Ruhe mit ihm zu sprechen. Ich nehme meinen ersten Blick zurück, um den anderen mit Augen des Glaubens anzuschauen. Ich nehme meine Vorurteile zurück und versuche, den anderen vorurteilslos anzuschauen, mit Augen, die bewusst auf seinen Wert gerichtet sind.

Wir alle haben in uns rücksichts-lose Augen, die bewerten, die einordnen, die den anderen schnell auf ein bestimmtes Bild festlegen. Respekt zu üben heißt, all diese Urteile zurückzunehmen, die eigenen Sichtweisen zurückzunehmen, um von Neuem aufmerksam hinzusehen, wer dieser einmalige Mensch wirklich ist.

Höflichkeit

Die Haltung der Höflichkeit beschreibt ursprünglich das Verhalten, das dem Leben bei Hofe entspricht. Hof ist dabei nicht der Bauernhof, sondern der Hof des Königs oder Kaisers. »Höflich« bedeutet daher: hofgemäß, fein, gebildet und gesittet. Im Deutschen hat Höflichkeit dann zusätzlich die Bedeutung »zuvorkommend« angenommen: Ich habe ein Gespür für den anderen. Ich verhalte mich hofgemäß, nämlich so, wie es auf einem Königshof angemessen ist. Ich behandle die Menschen in meiner Umgebung als königliche Menschen mit einer unantastbaren Würde. Höflichkeit ist daher immer Ausdruck von Wertschätzung.

Romano Guardini hat in seinem Werk »Tugenden: Meditationen über Gestalten sittlichen Lebens« der Höflichkeit ein eigenes Kapitel gewidmet. Darin schreibt er, dass Höflichkeit mit der Kultur zu tun hat:

> *Kultur beginnt nicht mit Zudringen und Anpacken, sondern mit Hände-Wegnehmen und Zurücktreten. Die Höflichkeit schafft freien Raum um den anderen; bewahrt ihn vor der bedrängenden Nähe, gibt ihm seine eigene Luft. Sie anerkennt im Anderen das Gute und lässt ihn fühlen, dass es geschätzt wird. Schweigt von den eigenen Vorzügen, stellt sie zurück, damit sie ihn nicht entmutigen. Höflichkeit ist bemüht, Unerfreuliches fernzuhalten oder doch zu überbrücken; Verlegenheiten zu vermeiden; schwierige*

Situationen zu entgiften; Mühe abzunehmen. Der Jüngere wird durch sie veranlasst, den Älteren zu ehren, der Mann die Frau, der Stärkere den Schwächeren.

GUARDINI, 121

Guardini schließt seine Betrachtung über die Höflichkeit mit einer Reflexion über die Würde, die keiner Sache, sondern nur einer Person, eben der menschlichen Person, zukommt:

Endlich soll noch auf etwas hingewiesen werden: Dass nämlich die Höflichkeit schön ist und das Leben schön macht. Sie ist »Form«: Haltung, Gebärde, Handlung, die nicht nur Zwecke erfüllt, sondern einen Sinn ausdrückt, der in sich selbst wertvoll ist, eben den der menschlichen Würde.

GUARDINI, 123

Dankbarkeit

Dankbarkeit ist eine Grundhaltung des Menschen. Er empfängt alles, was er erlebt, dankbar von Gott. Er dankt Gott für die Gaben, die er von ihm geschenkt bekommt. In Bezug auf die Wertschätzung meint Dankbarkeit eine Haltung dem Menschen gegenüber: Ich bin dankbar für die Menschen, mit denen ich zusammen bin. Und ich drücke diese Haltung der Dankbarkeit aus, indem ich dem anderen danke. Ich danke ihm für das, was er für mich oder für das Unternehmen getan hat und tut. Ich danke ihm aber auch dafür, dass er da ist und dass er so ist, wie er ist.

Dem anderen zu danken ist auch eine Art, ihn bedingungslos anzunehmen. Wenn ich ihm danke, dass er als Mensch da ist, auch für mich und in meiner Nähe da ist, dann knüpfe ich daran nicht die Haltung, dass mit ihm etwas nicht stimmt, oder die Erwartung, dass er sich ändern muss. Im Danken erkenne ich seinen Wert an und lasse seinen Wert für mich da sein.

Danken kommt von denken. Wer richtig denkt, der ist dankbar. Er dankt den Mitmenschen für das, was er ihm bedeutet. Jeder Mensch ist auch ein Geschenk Gottes an uns. Durch jeden Menschen erfahren wir etwas Neues. In der Begegnung mit ihm werden wir selbst verwandelt und neu. Im frühen Mönchtum gab es die Übung, gerade für schwierige Mitmenschen zu danken: »Ich danke dem, der mich nervt.«

Denn, so sagten die Mönche, der schwierige Mitmensch deckt mir meine eigenen Schattenseiten auf. Und er zwingt mich, an mir zu arbeiten, geduldiger zu werden, sanftmütiger und liebevoller. Der schwierige Mitmensch ist eine Herausforderung an mich, die mir letztlich guttut. Wenn ich für den schwierigen Mitmenschen danke, dann ist das eine Form bedingungsloser Annahme. In dieser Atmosphäre bedingungsloser Annahme kann sich der andere ändern, ohne dass er sich dazu gedrängt fühlt.

Dankbarkeit als Haltung dem Menschen gegenüber drückt aus: Ich bin dankbar für die Menschen, mit denen ich zusammen bin.

Es gibt einen wichtigen Grundsatz in der Psychologie: Ändern kann ich nur, was ich angenommen habe. Das gilt besonders für mich selbst und für meine Schattenseiten. Wenn ich gegen mich kämpfe, wecke ich eine Gegenkraft in mir und verstricke mich in kräftezehrender Selbstzerfleischung. Wenn ich dankbar für mich bin und für die Art und Weise, wie ich bin, dann kann sich in mir etwas verwandeln. Das gilt auch für den Mitmenschen. Wenn ich ihn bedingungslos annehme, dann erlebt er das als Herausforderung, das Gute, das ich in ihm sehe, auch zu entfalten. Er kann dann all das Wertvolle, das in ihm ist, selbst sehen. Und er möchte es immer mehr verwirklichen.

Romano Guardini hat wichtige Voraussetzungen für die Dankbarkeit genannt: Dank gibt es immer nur einer Person gegenüber, nie einer Sache gegenüber. Und Dank braucht den

Raum der Freiheit. Wir danken einem Menschen, der uns etwas schenkt oder uns in einer Sache hilft. Aber der Dank ist nur möglich, wenn der, der uns etwas gibt, es in Achtung vor uns tut. Sonst verletzt er unser Ehrgefühl.

Lässt der Helfende seine Überlegenheit fühlen,
dann stirbt der Dank; an seine Stelle treten
Demütigung und Groll.
GUARDINI, 132

Dankbarkeit setzt also immer die Wertschätzung des anderen voraus:

Dank gibt es nur in Ehren. Wenn keine gegenseitige
Achtung fühlbar wird, geht er in Kränkung unter.
GUARDINI, 132

Eine wichtige Weise der Wertschätzung besteht darin, dem anderen zu danken für das, was er tut. Im Danken drücke ich aus, dass ich sehe, was der andere tut, und dass ich es wertschätze. Ich nehme es nicht als selbstverständlich hin. Ich danke ihm und ehre damit den, der mich durch sein Tun oder allein durch seine Existenz beschenkt hat.

Übung

ACHTSAM ESSEN

Wir essen mehrmals täglich, doch oft schenken wir dem Essen keine Aufmerksamkeit. Nimm heute Deine Mahlzeit schweigend und ganz für Dich ein.

Führe die Nahrung mit Wertschätzung zum Mund und spüre, wie Dein Mund sie aufnimmt. Fühle die Beschaffenheit der Nahrung und kaue sie achtsam. Nimm die vielfältigen Geschmackseindrücke wahr: salzig, süß, fruchtig ...

Werde Dir bewusst, dass jeder Schluck, jeder Bissen, den Du zu Dir nimmst, Deinem Körper verbrauchte Energie zurückbringt und Dir neue Kraft schenkt.

Freundlichkeit

Freundlichkeit ist das Verhalten dem Freund gegenüber. Das deutsche Wort »Freund« hängt mit den Worten »Freisein« und »Lieben« zusammen. Ein Freund ist jemand, der frei ist, der also nicht von mir abhängig oder mir untertan ist. Und er ist jemand, den ich liebe.

Daher bedeutet Freundlichkeit ein liebenswürdiges Verhalten. Ich drücke in der Freundlichkeit dem anderen gegenüber aus, dass er mein Freund ist. Er ist nicht einfach ein Mensch, dem ich zufällig begegne. Ich mache ihn durch meine Freundlichkeit zum Freund, zu einem wertvollen Menschen, der in meine Verwandtschaft gehört, Verwandtschaft hier verstanden in dem Sinn, dass wir als Menschen alle miteinander verwandt sind. Alle Menschen sind Brüder und Schwestern und alle sind letztlich Freunde, Menschen, die von ihrer Herkunft und von ihrer Art und Weise miteinander verwandt sind.

Indem ich einem Menschen freundlich begegne, wird er jetzt, für diesen Augenblick zu meinem Freund.

Freundlichkeit will den anderen nicht vereinnahmen. Sie behandelt ihn wie einen liebenswerten Freund. Aber sie lässt ihm die Freiheit. Er muss nicht auf Dauer eine Gemeinschaft mit mir eingehen. Aber indem ich ihm freundlich begegne, wird er jetzt, für diesen Augenblick zu meinem Freund. Ich gehe mit ihm so um wie mit meinem Freund. Ich achte ihn wie einen Freund. Ich würdige ihn eines freundlichen und liebevollen Verhaltens, das ich meinen wirklichen Freunden gegenüber zeige. Freundlichkeit heißt auch, dass ich diesem Menschen jetzt vertraue, dass ich in ihm einen wertvollen Menschen sehe. Deshalb gehe ich freundlich auf ihn zu. Ich biete ihm meine Freundschaft an, keine vereinnahmende, sondern eine begleitende Freundschaft für die Dauer unserer Begegnung.

Übung

BEWUSST MENSCHEN BEGEGNEN

Nimm Dir heute vor, den Menschen, die Du triffst, ganz bewusst zu begegnen.

Es wird Begegnungen geben, auf die Du Dich freust, und Begegnungen, die Dir schwerfallen. Befreie Dich von den Sorgen der schweren Begegnungen, und traue ihnen zu, dass auch sie wichtig für Deinen heutigen Tag sind.

Begegne allen Menschen unvoreingenommen und achte darauf, allen Wertschätzung entgegenzubringen. So kannst Du erfahren, dass auch Du mit Wertschätzung behandelt wirst.

Anerkennung

Das deutsche Wort Anerkennen meint zunächst einen geistigen Vorgang: Ich werde des anderen inne, ich erfasse geistig, was er bedeutet, was in ihm ist. Und ich erinnere mich, ich bringe das, was ich außen bei ihm sehe und erkenne, nach innen, in mein Herz, um es dort zu schmecken und zu kosten. Anerkennen ist also etwas, das in meinem Herzen geschieht.

Wir benutzen heute das Wort Anerkennung häufig im Sinne eines An- und Aussprechens: Ich spreche aus, was ich erkannt habe. Ich erkenne die Leistung des anderen an, indem ich es ihm sage, indem ich ihm meine Anerkennung ausspreche. Das Aussprechen ist allerdings nur dann wahrhaftig, wenn ihm ein Vorgang des Erkennens und Innewerdens vorausgeht. Wenn ich diesen Menschen nicht nur mit meinen Augen sehe, sondern das, was meine Augen sehen, innerlich wahrnehme und bedenke und zu erkennen suche, nur dann erkenne ich ihn an. Und damit er meine innere Anerkennung erfahren kann, spreche ich sie aus.

Der Arbeitssoziologe Stephan Voswinkel hat in der Zeitschrift Psychologie heute in der Ausgabe Juli 2011 ein interessantes Interview zu diesem Thema gegeben, in dem er zwei »Modi« von Anerkennung im Arbeitsleben unterscheidet, und zwar zum einen die Würdigung, zum anderen die Bewunderung. Würdigung, so argumentiert er, beruht auf der Zugehörigkeit zu und Integration in einen Betrieb und sein Kommunikationsgefüge.

> *In Gestalt von Dankbarkeit erkennt sie die langfristige Arbeitsleistung an, das Engagement für das Unternehmen oder für die Kollegen.*
> VOSWINKEL, 60

Die Würdigung als Form von Anerkennung verdient also jeder Mensch im Unternehmen einfach dafür, dass er in seiner Einzigartigkeit Teil des Unternehmens ist.

Die Bewunderung dagegen, sagt Voswinkel, sei eine

> *Anerkennung, die Differenz ausdrückt – anerkannt wird die Besonderheit, Karriere, herausragende Leistungen, beeindruckender Erfolg, vor allem Markt- und Verkaufserfolge. Sie setzt zwar einen gemeinsamen Bewertungshorizont voraus, bezieht sich aber eben nicht auf Zugehörigkeit: Bewunderung erregt der aktuelle Erfolg, nicht der langfristige normale Leistungsbeitrag. Diese Anerkennung ist immer kurzfristig, sie muss ständig neu erworben werden – es ist eine unsichere, fragile und »fluide« Anerkennung.*
> VOSWINKEL, 60

Bewunderung wird in den meisten Unternehmen eher ausgesprochen als die Würdigung, ist sie doch durch außergewöhnliche Leistung errungen worden. Natürlich verdient eine außergewöhnliche Leistung auch besondere Anerkennung. Wir sollten aber darauf achten, den anderen auch dann gelten zu lassen und anzuerkennen, wenn er einfach da ist und ganz normal arbeitet.

Ich kann einen anderen Menschen nur anerkennen, wenn ich zuvor mich selbst anerkenne. Wer sich schwertut mit seinem eigenen Selbstwertgefühl, der kann auch einem anderen gegenüber keine Anerkennung aussprechen. Er muss letztlich den anderen entwerten, um sich selbst dadurch aufzuwerten. Anerkennung ist nur möglich, wenn ich mich an die eigene Würde erinnere und wenn ich die Würde des anderen in mich eindringen lasse. Wer sich selbst anerkennt in seiner Würde, erkennt den anderen gerne an. Er nimmt sich selbst nichts weg von seiner Würde. Im Gegenteil, er teilt seine Würde mit der des anderen.

Und so beschenken sich beide gegenseitig. Indem ich den anderen anerkenne, bekenne ich, dass ich selbst anerkannt bin, von Gott und von mir selbst, vielleicht auch von den Menschen. Aber das ist nicht entscheidend. Entscheidend ist: Nur wenn ich mich selbst anerkenne, bin ich auch fähig, den anderen anzuerkennen.

Übung

DEN INNEREN RAUM DES SCHWEIGENS WAHRNEHMEN

Setze Dich still hin und achte auf Deinen Atem. Lass ihn einfach kommen und gehen. Versuche, nicht nur äußerlich still zu werden, sondern auch die Stimmen in Dir zur Ruhe zu bringen, so dass Du ganz im Augenblick sein kannst.

Kreuze Deine Hände über Deiner Brust. Stelle Dir vor, dass sie die Wächter vor dem Tor Deines inneren Raumes der Stille sind. Lass alle Gedanken, die noch um Dich kreisen, vor diesem Tor, und stelle Dir Deinen inneren Raum vor, in dem Stille herrscht.

Verweile dort einige Zeit. Versuche, die innere Stille mit in Deinen Tag zu nehmen und sie als Kraftort zu spüren, wenn der Alltag um Dich herum laut und hektisch ist.

Wo und wie kann ich Wertschätzung üben?

Überall, wo wir mit Menschen zu tun haben, wo wir Menschen begegnen, wo wir zusammenleben und zusammenarbeiten, ist Wertschätzung angebracht. Alle Felder unseres Lebens sind Orte, an denen wir Wertschätzung üben sollten.

»Üben« ist dabei durchaus wörtlich gemeint. Es geht um ein tägliches Trainieren des Wertschätzens. Theoretisch weiß ohnehin fast jeder, dass Wertschätzung gut ist. Doch ohne Training erwerben wir keine Fähigkeiten. Es braucht Übung, damit das, wovon ich überzeugt bin, auch in Fleisch und Blut übergeht, dass es wie von selbst kommt. Der Sportler, der den Hochsprung trainiert, überlegt beim Springen nicht mehr, wie er das am besten machen soll. Der Bewegungsablauf, der einen guten Sprung ermöglicht, ist ihm in Fleisch und Blut übergegangen.

Das Überlegen beim Springen hilft nicht weiter. Es braucht das innere Einswerden mit dem Springen. Das lernt der Sportler im Training. So brauchen auch wir immer wieder ein Wertschätzungs-Training, um dann im Alltag angemessen und wie von selbst uns, unseren Freunden, der Familie und unseren Mitarbeitern Wertschätzung entgegenzubringen.

Wertschätzung sich selbst gegenüber

Die erste Person, der gegenüber ich Wertschätzung üben kann, bin ich selbst. Es geht natürlich nicht darum, seinen eigenen Wert zu überhöhen. Das wäre wiederum Ausdruck von Narzissmus oder von Minderwertigkeitsgefühlen.

Mich selbst wertschätzen heißt, dass ich mich annehme wie ich bin, mit all meinen Stärken und Schwächen. Ich bin so, wie ich bin, wertvoll.

Ich kenne aber auch Menschen, die sich selbst ständig entwerten. Sie hassen sich selbst, weil sie so empfindlich sind, weil sie so leicht von anderen verletzt werden oder weil sie eifersüchtig auf andere reagiert haben. Sie möchten nicht eifersüchtig oder neidisch sein. Sie wollen selbstbewusst und positiv sein. Doch dann erleben sie wieder negative Gefühle und entwerten sich. Sie machen sich selbst klein. Oft steckt hinter diesem Entwerten die Enttäuschung, dass ich so bin, wie ich bin.

Jeder Mensch hat als Mensch eine unantastbare Würde. Wertschätzen heißt, dass ich mich annehme wie ich bin, mit all meinen Stärken und Schwächen. Ich bin so, wie ich bin, wertvoll. Denn ich bin Gottes Geschöpf. Gott hat sich von mir ein einmaliges Bild gemacht, das unendlich wertvoll ist. Dass dieses

Bild manchmal durch meine Schwächen verdunkelt oder verstellt wird, ist ein anderes Thema. Aber ich darf mein Bild nicht entwerten. Sonst entwerte ich Gottes Wirken an mir. Wer das Geschöpf entwertet, nimmt auch dem Schöpfer etwas von seinem göttlichen Wert.

Es klingt so einfach, sich selbst wertzuschätzen. Aber es ist eine lebenslange Aufgabe für uns. Ich erlebe oft Menschen, die darüber klagen, dass sie sich selbst nicht annehmen können. Wenn ich dann genauer nachfrage, warum sie sich nicht annehmen können, dann erkenne ich im Gespräch immer wieder: Sie haben Vorstellungen von sich, die ihrem Wesen nicht entsprechen. Sie möchten anders sein als sie sind. Weil sie ihren eigenen Vorstellungen nicht entsprechen, können sie sich nicht wertschätzen.

Daher ist der erste Schritt der Wertschätzung, sich von seinen Illusionen und vermeintlich großartigen Selbstbildern zu verabschieden. Das ist ein schmerzlicher Prozess. Die Psychologie nennt diesen Prozess Betrauern. Ich muss betrauern, dass ich so bin, wie ich bin, dass ich durchschnittlich bin, dass ich nicht der begabteste, intelligenteste, schönste und erfolgreichste Mensch bin, sondern ein Mensch mit zwar vielen Begabungen, aber auch Grenzen. Ja, ich bin ein begrenzter Mensch. Und als solcher habe ich einen unantastbaren Wert. Ich bringe mir, so wie ich bin, Wertschätzung entgegen.

Das kann mir aber nur gelingen, wenn ich durch den Schmerz der Enttäuschung über meine zerplatzten Illusionen gehe. Der Weg des Betrauerns geht durch den Schmerz hindurch in den Grund meiner Seele. Dort, ganz tief in meinem Innersten, bin ich einverstanden mit mir selbst, im Frieden mit mir. Dort entdecke ich meinen wahren Wert, den mir niemand nehmen kann. Wenn ich mich nicht durch den Schmerz hindurchwage, bleibe ich an der Oberfläche des Schmerzes hängen.

Und dann gibt es zwei Verhaltensweisen, auf die Enttäuschung zu reagieren: Entweder ich jammere. Ich schwimme im Selbstmitleid. Aber ich komme nie weiter. Ich bedaure mich selbst. Aber ich entdecke nie meinen wirklichen Wert. Oder aber ich klage andere an. Die anderen sind daran schuld, dass aus mir nichts geworden ist, dass ich nicht so erfolgreich, wohlhabend, beliebt bin wie andere. Aber auch das Klagen hält mich fest in meiner Unzufriedenheit, die mich blind macht für meinen eigenen Wert. Nur wenn ich bereit bin, mich und meine Durchschnittlichkeit zu betrauern und schließlich anzunehmen, werde ich voller Dankbarkeit meinen Wert sehen und ihn achten und ehren.

Wertschätzung für sich selbst ist übrigens kein Thema der Neuzeit, sondern eines, das schon vor 900 Jahren aktuell war. Bernhard von Clairvaux schrieb bereits im Jahr 1140 darüber, und zwar in einem Brief an seinen früheren Novizen und damaligen Papst Eugen III:

> »Wo soll ich anfangen? Am besten bei Deinen zahlreichen Beschäftigungen, denn ihretwegen habe ich am meisten Mitleid mit Dir. Ich furchte dass Du, eingekeilt in Deine

zahlreichen Beschäftigungen, keinen Ausweg mehr siehst und deshalb Deine Stirn verhärtest; dass Du dich nach und nach des Gespürs für einen durchaus richtigen und heilsamen Schmerz entledigst. Es ist viel klüger, Du entziehst Dich von Zeit zu Zeit Deinen Beschäftigungen, als dass sie Dich ziehen und Dich nach und nach an einen Punkt führen, an dem du nicht landen willst. Du fragst, an welchen Punkt? An den Punkt, wo das Herz hart wird. Frage nicht weiter, was damit gemeint sei, wenn Du jetzt nicht erschrickst, ist dein Herz schon so weit.

Das harte Herz ist allein; es ist sich selbst nicht zuwider, weil es sich selbst nicht spürt. Was fragst Du mich? Keiner mit hartem Herzen hat jemals das Heil erlangt, es sei denn, Gott habe sich seiner erbarmt und ihm, wie der Prophet sagt, sein Herz aus Stein weggenommen und ihm ein Herz aus Fleisch gegeben (Ezechiel 36,26).

Wenn Du Dein ganzes Leben und Erleben völlig ins Tätigsein verlegst und keinen Raum mehr für die Besinnung vorsiehst, soll ich Dich da loben? Darin lobe ich Dich nicht. Ich glaube, niemand wird Dich loben, der das Wort Salomons kennt: »Wer seine Tätigkeit einschränkt, erlangt Weisheit« (Jesus Sirach 38,25).

Wenn Du ganz und gar für alle da sein willst, nach dem Beispiel dessen, der allen alles geworden ist (1. Korintherbrief 9,22), lobe ich Deine Menschlichkeit – aber nur, wenn sie voll und echt ist. Wie kannst Du aber voll und echt Mensch sein, wenn Du Dich selbst verloren hast?

Übung

DU SELBST SEIN

Nimm Dich heute einmal ganz bewusst als Du selbst wahr, werde also im wahrsten Sinne selbstbewusst.

Stelle Dich aufrecht hin, die Füße hüftbreit auseinander. Nun stell Dir vor: Du stehst wie ein Baum, der seine Wurzeln tief in die Erde eingegraben hat. Die Stürme vermögen den Baum nicht umzuwerfen. Stell Dir vor, dass Du Dich wie ein Baum, der seine Krone nach oben entfaltet, nach oben öffnest – als ob Gott Dich sanft an Deinen Haaren zieht und aufrichtet.

Nimm dieses Bild des Baumes und des Aufgerichtetseins mit in Deinen Alltag und übe es immer wieder, wenn Dir der Wind aus Erwartungen und Meinungen anderer hart entgegenschlägt.

Übung

WAS ICH AN MIR SCHÄTZE

Überlege, was Du an Dir schätzt. Wenn Du magst, notiere Deine Wertschätzung Dir gegenüber.

Mein Charakter

Mein Körper

Meine Fähigkeiten und Fertigkeiten

Meine Vorstellungen und Ideen

Meine Erfahrungen

Auch Du bist ein Mensch. Damit Deine Menschlichkeit allumfassend und vollkommen sein kann, musst Du also nicht nur für alle anderen, sondern auch für Dich selbst ein aufmerksames Herz haben.

Denn was würde es Dir sonst nutzen, wenn Du – nach dem Wort des Herrn (Matthäusevangelium 16,26) – alle gewinnen, aber als einzigen Dich selbst verlieren würdest? Wenn also alle Menschen ein Recht auf Dich haben, dann bist auch Du ein Mensch, der ein Recht auf sich selbst hat. Warum solltest einzig Du selbst nichts von Dir haben? Wie lange bist Du noch ein Geist, der auszieht und nie wieder heimkehrt (Psalm 78,39)? Wie lange noch schenkst Du allen anderen Deine Aufmerksamkeit, nur nicht Dir selbst?

Ja, wer mit sich selbst schlecht umgeht, wem kann der gut sein? Denk also daran: Gönne Dich Dir selbst. Ich sage nicht: tu das immer, ich sage nicht: tu das oft, aber ich sage: tu es immer wieder einmal. Sei wie für alle anderen auch für Dich selbst da, oder jedenfalls sei es nach allen anderen.«

Mit sich selbst gut umgehen will gelernt sein, und sich selbst wertzuschätzen ist eine exzellente Übung, um dies zu lernen und zu bewahren. Diese Übung müssen wir immer wieder machen, denn auch wenn wir einmal gelernt haben, mit uns selbst gut umzugehen, so können wir es wieder verlernen, wenn wir außer Übung kommen.

Wertschätzung in der Familie

Die Familie ist der perfekte Ort, um Wertschätzung zu üben. Natürlich schätzt der Mann seine Frau und die Frau ihren Mann, sonst hätten sie doch nicht geheiratet. Oder?

Aber im täglichen Zusammenleben werden wir selbst in unserer engsten Beziehung, nämlich der zu unserem Partner, oft nachlässig. Wir vergessen, dem anderen immer wieder unsere Wertschätzung zu zeigen. Wir kommen von der Arbeit nach Hause und haben noch die Sitzungen, Telefonate, Probleme und Aufgaben von dort im Kopf. Oder wir haben den Tag mit Hausarbeit und Kinderbetreuung verbracht und sind geistig noch beim Wocheneinkaufsplan und dem Streit auf dem Spielplatz. Allzu oft haben wir keine echte Aufmerksamkeit für den Partner übrig.

Besonders Männer tun sich oft damit schwer, Wertschätzung gegenüber ihrer Partnerin zu zeigen beziehungsweise sehen nicht recht ein, warum das nötig ist. Wenn Frauen sich über mangelnde Wertschätzung seitens ihrer Partner beschweren, bekommen sie oft die gereizte Antwort: »Ich habe dir doch schon so oft gesagt, dass ich dich liebe, dass ich schätze, was du tust und was und wie du bist. Wie oft soll ich dir das denn noch sagen?« Männer meinen, wenn sie all das einmal deutlich gesagt haben, sei es genug.

Das ist ein Irrtum, und zwar nicht nur Frauen gegenüber. Wir alle brauchen täglich Wertschätzung. Wenn wir an die eigene Bedürftigkeit denken, können wir uns vorstellen, dass es auch dem anderen guttut, wenn wir ihm täglich ein ermunterndes, ein dankendes, ein wertschätzendes Wort sagen. Es kostet ja eigentlich nichts, nur Aufmerksamkeit und einen offenen Blick für den anderen, und den Mut, das, was wir fühlen, auch zu sagen.

Wir alle brauchen täglich Wertschätzung,
Aufmerksamkeit und einen offenen Blick für uns.

So wie wir Erwachsene der Wertschätzung bedürfen, tun es auch unsere Kinder. Gerade sie hungern danach, gesehen zu werden in dem, was sie tun und sind. Sie fühlen sich nur gesehen, wenn wir das, was wir sehen, auch benennen. Aber mit Augenmaß. Wertschätzung geschieht nicht dadurch, dass wir alles loben, was die Kinder tun und sagen. Ein zu schnelles und oberflächliches Lob nehmen die Kinder sowieso nicht ernst.

Aber wenn wir uns für das interessieren, was sie tun und wie sie es tun, dann kommt das Lob, das wir ihnen gegenüber aussprechen, wirklich bei den Kindern an. Der erste Schritt besteht darin, sich für sie zu interessieren und sie danach zu fragen, was sie erlebt haben und was sie beschäftigt. Wenn sie von sich selbst erzählen, dann hören wir genau hin, fragen nach, damit sie noch mehr erzählen. Wir nehmen sie ernst in dem, was sie beschäftigt.

Die Kinder merken sehr schnell, ob wir die Frage »Wie war es in der Schule?« nur pro forma stellen oder ob wir uns wirklich für die Antwort interessieren. Wenn wir ihnen nur mit halbem Ohr zuhören, dann werden sie entweder aufhören zu erzählen, oder sie reden erst recht wie ein Wasserfall, in der Hoffnung, dass wir endlich einmal richtig zuhören und sie ernst nehmen. Leider sind wir dann vom Dauererzählen eher genervt.

Außerdem sind wir alle, Kinder und Erwachsene gleichermaßen, bedürftig nach Lob, Dank und allen anderen Zeichen von Anerkennung. Wer sein Kind lobt, der »verwöhnt« es nicht, sondern gibt ihm etwas, was für seine seelische Entwicklung so wichtig ist wie das »tägliche Brot« für den Körper. Dabei geht es nicht um die großen Dinge, sondern um all das, was in unserem Alltagsleben so leicht als »selbstverständlich« untergeht. Kinder fühlen sich wahrgenommen und gesehen, wenn sie für das gelobt werden, was gut läuft. Wenn ihre Eltern nicht nur dann aufmerken, wenn es etwas zu tadeln gibt. Also loben Sie: Für die gute Note in der Schule, für das sauber gespielte Klavierstück, für das aufgeräumte Zimmer, für die Freundlichkeit am Morgen.

Und Kinder fühlen sich anerkannt, wenn Sie sich bei ihnen bedanken und nicht alles für selbstverständlich halten: Für den runtergebrachten Mülleimer, für die weggeräumten Schuhe, das zusammengestellte Geschirr, für den Anruf, wenn es später wird, den Trost, wenn Sie traurig sind. Für all das, was Ihre Kinder für Sie sind.

Und das Interessante daran: Wenn Sie nach Anlässen zum Loben und Danken Ausschau halten, fällt Ihnen wieder viel mehr auf, wie liebens- und lobenswert Ihre Sprösslinge sind.

Wenn Sie eine große Familie haben, widmen Sie sich nicht immer nur der großen Schar, sondern reservieren Sie sich auch einmal Zeit für ein einzelnes Familienmitglied. Gerade Kinder fühlen sich dadurch viel mehr wahrgenommen, anerkannt und wertgeschätzt. Versuchen Sie, diese »Einzeltermine« gleichmäßig zu verteilen, und gehen Sie auf die Bedürfnisse des einzelnen Kindes und seiner Altersgruppe ein. Seien Sie bei dieser Gelegenheit – es reichen schon zwei Stunden an einem Samstagnachmittag – ganz für das einzelne Kind da. Gerade Kinder aus großen Familien haben oft das Gefühl, in der Menge »unterzugehen«. Sie schenken Ihrem Kind etwas Wertvolles, wenn Sie sich Zeit für es ganz allein nehmen, ohne die »störenden« kleinen oder großen Geschwister.

Laden Sie Ihre große Tochter ins Café ein. Gehen Sie mit Ihrem Sohn in ein Museum, das ihn interessiert. Nehmen Sie Ihren Jüngsten ganz allein mit auf den Fußballplatz. Gehen Sie mit ihrer kleinen Tochter zum Baden. Mit Ihrem Sohn in den Biergarten. Pflegen Sie ein Hobby, dass Sie beide interessiert ... Es gibt so viele Möglichkeiten!

Auch erwachsene Kinder sind noch bedürftig nach Anerkennung und Wertschätzung von den Eltern. Junge Erwachsene brauchen ein anerkennendes Wort, das sie ermutigt, weiter auf ihrem Weg zu gehen. Gerade erwachsene Kinder sehnen sich oft nach dem Wort, dass die Mutter oder der Vater stolz auf sie sind. Die erwachsenen Kinder spüren sehr genau, ob die Eltern nur von sich erzählen, oder ob sie offen dafür sind, die Kinder zu sehen und sich für sie zu interessieren.

Manche Erwachsene erzählen mir, dass sie ungern Besuche »zu Hause« machen, weil die Eltern nur mit sich selbst beschäftigt sind. Sie haben den Eindruck, in der Welt ihrer Eltern keinen Platz mehr zu haben. Sie können dort nichts von sich erzählen, denn ihr Leben ist für die Eltern fremd und interessiert sie letztlich auch nicht. Es zählt nur die kleine Welt der eigenen Probleme.

Und im schlimmsten Fall gibt es Vorwürfe, weil die erwachsenen Kinder sich zu selten sehen lassen oder ein Leben führen, das die Eltern nicht verstehen können oder wollen. Dann entsteht ein Teufelskreis aus Sprachlosigkeit und Verweigerung, aus dem beide Teile nur noch schwer ausbrechen können.

Wertschätzung würde diese enge Welt weiten, die Eltern bereichern und auch den erwachsenen Kindern eine Heimat schenken, in die sie immer wieder gerne eintauchen.

Übung

DAS GLÜCK SUCHEN

Oft haben wir nur den Blick auf das gerichtet, was uns fehlt. Versuche heute einmal, das zu sehen, was Dir alles gegeben ist, was Du erreicht hast, was Dich glücklich macht.

Nimm Dir ein großes Blatt Papier und schreibe all das auf, was gut ist in Deinem Leben. Dazu zählen neben materiellem Besitz und finanziellen Möglichkeiten vor allem Dinge, die Du gerne tust, Freunde, Gesundheit, Fähigkeiten, Begabungen ...

Schau Dir diese Liste noch einmal an, wenn Du glaubst, Du hast alles aufgeschrieben. Kannst Du Dankbarkeit empfinden für das Gute in Deinem Leben? Bringe Deinen Dank im Gebet vor Gott oder teile einem Menschen, dem Du dankbar bist, das in Worten oder Taten mit.

Wertschätzung im Berufsleben

Da ich selbst mit 280 Mitarbeitern und Kollegen zusammenarbeite, weiß ich, dass es mit der Wertschätzung nicht immer einfach ist. Theoretisch sind die meisten Chefs und Führungskräfte davon überzeugt, dass Wertschätzen gut ist, dass Loben in den Mitarbeitern mehr bewirkt als die ständige Kritik. Trotzdem fällt es uns oft schwer, Wertschätzung ehrlich und authentisch auszudrücken.

Mir erzählen Mitarbeiter manchmal: »Wir merken sofort, dass der Chef gerade auf Kurs war. Jetzt lobt er uns wieder zwei Wochen lang, danach ist er dann wieder wie immer.« Sie nehmen das Lob nicht ernst. Sie spüren, wenn es oberflächlich antrainiert oder mechanisch anerzogen ist.

Wahre Wertschätzung muss aus dem Herzen kommen. Wenn Wertschätzung oder Lob verzweckt werden, verlieren sie ihre positive Wirkung.

Wahre Wertschätzung muss aus dem Herzen kommen. Sie muss schon auch eingeübt werden, aber eben nicht als Trick oder als pädagogisches Mittel, um die Mitarbeiter zu manipulieren und so einen Motivationsschub und eine größere Arbeitsleistung aus ihnen herauszuholen. Wenn Wertschätzung und Loben verzweckt werden, verlieren sie ihre positive Wirkung. Natürlich braucht auch die Wertschätzung ein richtiges Maß. Die Mitarbeiter, die merken, dass der Chef jetzt vom Seminar kommt, weil er besonders viel lobt, spüren, dass das Lob nicht angemessen ist. Es braucht das richtige Maß und den richtigen Zeitpunkt.

Jeder arbeitet oft für sich, sieht nur seine Arbeit, hält es für selbstverständlich, dass der andere seine Arbeit gut erfüllt. Aber selten bringen wir das ins Wort, was der andere tut. Die alltägliche Art und Weise der Wertschätzung ist einfach: den anderen wahrzunehmen in seiner Arbeit, ihn anzusehen, wenn ich mit ihm rede, ihm Ansehen zu vermitteln.

Ich interessiere mich für seine Arbeit. Wenn er mir das Ergebnis seiner Arbeit überbringt, dann nehme ich es nicht nur schweigend als selbstverständlich hin, sondern danke ihm dafür. Ich kann ihn nicht in dem Moment loben, wenn er sein Ergebnis bringt, ich es aber noch nicht durchgesehen habe. Dann würde er sofort spüren: »Jetzt ist das Loben ein Trick.« Doch wenn ich es durchgelesen oder angeschaut habe, dann wäre die Gelegenheit da, dem anderen meine Anerkennung auszudrücken, dass er das gut gemacht hat.

Es gibt also die alltägliche Wertschätzung, die im Ansehen, im Ansprechen und im interessierten Zuhören geschieht. Sie drückt sich auch in höflichen und anerkennenden Umgangsformen aus, in meiner zuvorkommenden, ehrlichen, freundlichen Art. Und es gibt die besondere Wertschätzung, die in bewussten Worten der Anerkennung und des Lobes Ausdruck findet.

Diese Wertschätzung will gut dosiert sein. Sie muss angemessen sein. Da darf ich nicht irgendwelche Standardformeln bringen. Ich suche nach persönlichen Worten, die wirklich den anderen meinen und auf seine Situation bezogen sind. Dann berühren sie ihn auch.

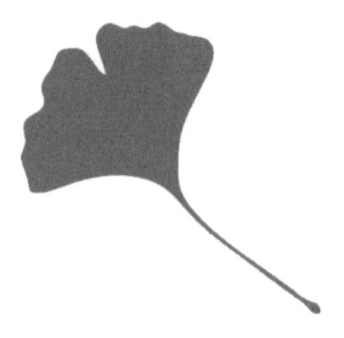

Wie Sie Wertschätzung üben können – einige Anregungen

Auf den folgenden Seiten finden Sie einige Anregungen, wie Sie Wertschätzung ohne großen Aufwand im Alltag üben können: Worte des Lobes und des Dankes, kleine Komplimente, einfache Gesten und Geschenke. Sie können sich eine Liste anlegen – gleich hier im Buch oder mithilfe einer Kopie, die Sie an einem »sicheren« Ort aufbewahren.

Worte des Lobes

Ich finde es gut, dass du ...

... so gut mit Menschen umgehen kannst.
... so gut zuhören kannst.
... so gut kochst.
... so gut mit technischen Dingen umgehen kannst.
... so sicher Auto fährst.
... so gut organisiert bist.
... so hilfsbereit bist.
... so schön singst.

Ihnen fallen sicher noch weitere lobenswerte Eigenschaften ein. Notieren Sie sich doch hier gleich, wen Sie mit einem solchen Lob erfreuen können.

. . . .

. . . .

. . . .

. . . .

. . . .

Worte des Dankes

Danke, dass du ...

... den Müll rausgebracht hast.
... die Wohnung so schön machst.
... die Liste vervollständigt hast.
... so freundlich zu mir bist.
... mir bei der Hausarbeit hilfst.
... den Rasen gemäht hast.
... mit dem Hund rausgegangen bist.
... dir so viel Gedanken um uns alle machst.
... mich anrufst.
... mich an etwas erinnert hast.
... für uns da bist.

Denken Sie daran:

Es geht beim Danken nicht um die großen, außergewöhnlichen Dinge, sondern gerade darum, für das zu danken, was sonst unbeachtet bleibt und für selbstverständlich gehalten wird. Sie werden sehen, wenn Sie häufiger auch für Kleinigkeiten danken, verändert sich sehr bald und wie durch ein Wunder die Atmosphäre in Ihrer Umgebung.

Notieren Sie sich doch hier gleich ein paar »Dank-Anlässe« und Empfänger für die nächsten Tage.

....
....
....
....
....
....
....
....
....
....
....
....

Kleine Komplimente

Das Kleid steht dir besonders gut.
Du siehst gut aus in diesem Anzug.
Heute Morgen strahlst du richtig.
Die Kette passt wunderbar zu dieser Bluse.
Wenn du so lachst, geht die Sonne auf.
Dein Friseur ist ein Genie.
Du hast eine tolle Telefonstimme.

Sicher fallen Ihnen noch mehr Komplimente ein, und zwar solche, die ehrlich gemeint sind.

Wohlgemerkt: Es geht nicht darum, sich etwas auszudenken, sondern darum, die Schönheit des/der anderen (wieder) zu entdecken und die Wertschätzung dafür zum Ausdruck zu bringen. Das geht, ohne plump zu wirken oder den anderen misstrauisch zu machen.

Notieren Sie sich doch ein paar Tage lang Dinge, die Ihnen an den Menschen in Ihrer Umgebung besonders gut gefallen:

....

....

....

Einfache Gesten der Wertschätzung

- Wenden Sie sich Ihrem Gegenüber zu. Wenn Sie miteinander Zeit verbringen, tun Sie nichts anderes nebenbei: keine Zeitung, kein Fernsehen, kein Telefon ...

- Stellen Sie Ihrem Gegenüber Fragen, die den anderen/die andere zum Erzählen einladen. Also keine Fragen, die mit Ja oder Nein beantwortet werden sollen, sondern Fragen, die mit einem Fragewort anfangen: »Wer, was, wem, wen, wo, wie ...« Und hören Sie dann wirklich zu, wenn Ihr Gegenüber antwortet. Auch wenn es etwas länger dauert.

- Was hat dich diese Woche besonders geärgert?
- Was hat dir Spaß gemacht?
- Worauf freust du dich mit Blick aufs Wochenende?
- Was willst du in den Ferien machen?
- Wohin würdest du gerne mal verreisen?
- Wie kann ich dir helfen?
- Wen würdest du gerne mal wieder einladen?

- ....
- ....
- ....

Und wenn Ihr Kind oder sonst jemand in Ihrer Familie etwas wirklich »Unmögliches« äußert – protestieren Sie einmal nicht, sondern sagen Sie: »Das ist ja interessant. Erzähl doch mal mehr.«

- Reservieren Sie Zeit für Ihren Partner/Ihre Partnerin oder für die Menschen in Ihrer Familie, zum Beispiel:

- Verabreden Sie sich zu einem Spieleabend oder einem gemütlichen Brunch mit Familie und Freunden.
- Gehen Sie einmal in der Woche zusammen spazieren.
- Besuchen Sie zusammen ein Museum, eine Sportveranstaltung, das Theater, das Kino …
- Lassen Sie abwechselnd eines der Familienmitglieder bestimmen, was an einem Nachmittag unternommen wird. Und sorgen Sie dafür, dass niemand »mault«.
- Gönnen Sie sich und Ihrem Partner/Ihrer Partnerin ein romantisches Wochenende zu zweit.

- ....
- ....
- ....
- ....
- ....

Kleine Geschenke

- Schenken Sie etwas Selbstgemachtes
- Backen Sie einen Kuchen
- Schenken Sie ein Buch oder eine CD, das/die sich ein Familienmitglied heimlich wünscht oder das/die einfach gut zu der betreffenden Person passt.
- Laden Sie ein Familienmitglied ins Café ein, einzeln und einfach so.
- Schenken Sie Blumen, Pralinen, Schokolade – all die angeblich so »altmodischen« Dinge, die man sich nicht selbst kauft.
- Schenken Sie etwas, was zum Hobby der betreffenden Person gehört – auch wenn Sie selbst mit dem Hobby nur wenig anfangen können.

Fallen Ihnen noch weitere Aufmerksamkeiten ein?

....

....

....

....

....

Verwendete und weiterführende Literatur

Peter Abel
Keine Zeit für Burnout –
Vom Arbeitsstress zur Herzensruhe
Vier-Türme-Verlag 2012

Alfred Adler, Karl-Heinz Witte,
Almut Bruder-Bezzel, Rolf Kühn
Über den nervösen Charakter (1912) –
Grundzüge einer vergleichenden Individualpsychologie und Psychotherapie von Alfred Adler
Vandenhoeck & Ruprecht 2008

Asfa-Wossen Asserate
Manieren
Deutscher Taschenbuch Verlag 2005

Gary Chapman
Die fünf Sprachen der Liebe –
Wie Kommunikation in der Ehe gelingt
Francke Buchhandlung 2008

Viktor E. Frankl
Trotzdem Ja zum Leben sagen –
Ein Psychologe erlebt das Konzentrationslager
Kösel 2009

Anselm Grün
Achtsam sprechen – kraftvoll schweigen
Für eine neue Gesprächskultur
Vier-Türme-Verlag 2013

Anselm Grün
Gut mit sich selbst umgehen
Topos Plus 2010

Anselm Grün
Jesus als Therapeut –
Die heilende Kraft der Gleichnisse
Vier-Türme-Verlag 2011

Anselm Grün
Kleine Rituale für den Alltag
Vier-Türme-Verlag 2012

Anselm Grün
Leben und Beruf –
Eine spirituelle Herausforderung
Vier-Türme-Verlag, 4. Auflage 2007

Anselm Grün
Menschen führen – Leben wecken
Anregungen aus der Regel Benedikts
Vier-Türme-Verlag, 11. Auflage 2011

Anselm Grün, Jochen Zeitz
Gott, Geld und Gewissen –
Mönch und Manager im Gespräch
Vier-Türme-Verlag, 3. Auflage 2011

Romano Guardini
Tugenden –
Meditationen über Gestalten sittlichen Lebens
Matthias-Grünewald-Verlag 2007

Odilo Lechner
Weite dein Herz –
Lebenskunst aus dem Kloster
Heyne 2004

Wunibald Müller
Gönne dich dir selbst –
Von der Kunst sich gut zu sein
Vier-Türme-Verlag, 15. Auflage 2014

Stephan Voswinkel, im Gespräch mit Andreas Huber
Wer keine Anerkennung sät, wird auch keine Leistung ernten!
in: Psychologie heute, Juli 2011

Rainer Wälde
Guter Stil –
Mit Gefühl, Takt und Umsicht zum Erfolg Ihr Knigge für mehr Sicherheit und Souveränität
Knaur Ratgeber 2007

Mauritius Wilde
Respekt –
Die Kunst der gegenseitigen Wertschätzung
Vier-Türme-Verlag 2009

Christian Weymayr
Glauben, dienen und ein Schnullerbaum
in: brand eins 5/2011